Sur les traces de mon père Roger Frison-Roche

Martine Charoy Frison-Roche

Sur les traces de mon père Roger Frison-Roche

Éditions Les Passionnés de bouquins

2021

L'éditeur remercie chaleureusement l'écrivain Patrick Jagou, sans qui ce livre n'aurait jamais vu le jour.
Remerciements également à Catherine Cuenot pour son aide précieuse.

Crédits photographiques : les photos dont les crédits ne sont pas spécifiquement indiqués appartiennent toutes à la collection privée de Martine Charoy et de la famille Frison-Roche. De même que les photos de couverture.

Éditions les Passionnés de bouquins
36 impasse du Tonkin - 69290 Craponne
email : contact@les-passionnes-de-bouquins.com
site Internet : www.les-passionnes-de-bouquins.com
ISBN 978-2-36351-106-5

Conception graphique et mise en page : *Marcel & Mado*
Direction éditoriale : *Guillaume de Uffredi*

À ma famille

Préface

En frappant un peu timidement à la porte du chalet Derborence, il y a vingt-cinq ans, j'étais loin de deviner l'enchaînement de projets enthousiasmants qui allaient nous lier, Martine et moi… (Mon mari Jacques, guide de haute montagne, familier de Frison et des enfants de Danièle, sœur aînée de Martine, m'avait introduite.)

Le but de cette visite était de découvrir si quelques documents pourraient aider à mettre en images *le Versant du soleil*, foisonnante autobiographie parue en 1981. Martine m'accueillit fort gentiment. Elle avait du temps justement, une blessure à la cheville l'empêchant provisoirement de parcourir les montagnes… j'arrivais au bon moment.

Nous voilà lancées dans l'exploration, le mot n'est pas trop fort, des trésors patiemment emmagasinés dans les armoires de la cave, au fil des décennies, par Marguerite, l'épouse de Frison. Sur de grandes tables, dans un joyeux désordre, les boîtes, les chemises cartonnées se sont ouvertes, délivrant des photos de baptême ou de mariages de toutes générations mêlées à celles de grandes figures de la vallée de Chamonix, aux images du Sahara, de

Laponie, du Grand Nord canadien, ou à des documents hautement historiques. Des liasses de journaux roulés en boule recelaient des dizaines de reportages signés Frison, des kyrielles de revues couvrant à peu près le vingtième siècle, ainsi que des bobines de film, plaques de verre de tous formats complétaient l'ensemble. Un patrimoine extraordinaire tant sur le plan familial qu'historique. Pendant quelques mois, nous avons trié et identifié des centaines de tirages et, lorsque nous remontions du sous-sol, légèrement poussiéreuses, le vénérable patriarche nous accueillait d'un regard à la fois indulgent et narquois et nous demandait : « Mais qu'est ce que vous fabriquez toutes les deux ? »

Lorsqu'en septembre 1999 j'apportais enfin les épreuves du *Versant du soleil* dûment illustré, Frison tourna les pages silencieusement et, tout à coup, semblant redécouvrir sa vie, constata : « Mais comme c'est intéressant ! » Quel honneur et quel bonheur de lui faire ce plaisir juste quelques mois avant sa mort.

Début 2000, nous suggérons à Claude Marin, alors directeur du service culturel de la ville de Chamonix, d'organiser une exposition sur l'écrivain voyageur. Enthousiasme immédiat, d'autant plus qu'une vaste salle, toute neuve, semble prédisposée à accueillir le projet ; une salle baptisée aussitôt Espace Tairraz en l'honneur de quatre générations de photographes chamoniards, meilleurs amis et compagnons de voyage de Frison. Une belle boucle, une belle cordée. Et nous voici reparties dans une enquête pour retrouver les prestigieuses émissions littéraires auxquelles l'auteur d'une trentaine de livres avait participé ; les bobines encore conservées grâce à l'INA sont à cette occasion copiées en cassette vidéo puis numérisées quelques années plus tard. La famille Tairraz participe activement à reconstituer le puzzle, quelques extraits de films des conférences permettent à la ville de Chamonix d'offrir un panorama complet de l'itinéraire d'un premier de cordée.

À l'ouverture, en juin 2000, le succès est tel qu'il faut même parfois réguler le flot des visiteurs passionnés, qui ont ainsi l'occasion de découvrir toutes les facettes mal connues de l'écrivain, guide et président fondateur du syndicat international, professeur de ski, explorateur, résistant, cinéaste, conférencier et surtout grand reporter. Au fil des années, nous avons concocté quelques expositions itinérantes, chaque fois adaptées au contexte de villes aussi diverses qu'Ajaccio, Lyon, Beaufort, Genève, ou même Sofia, en Bulgarie. Très souvent, Martine et moi nous retrouvons lors de tables rondes, de causeries pour inaugurations, salons du livre, publications d'ouvrages inédits. Nul besoin de nous concerter pour répondre aux attentes, complicité totale. D'un échange de regards, nous sentons tout de suite laquelle de nous deux peut ou doit prendre la parole, Martine racontant des anecdotes très appréciées, dont certaines figurent dans ce livre, mon rôle étant plutôt d'intervenir sur quelques événements historiques, ou à propos des contemporains de son père.

Frison aurait-il apprécié ces hommages ? Lui qui, au moment de la publication de *Premier de cordée*, en 1941, parcourait le fin fond du Sahara, plus intéressé par un reportage que par le devenir de son roman ? En cette année spéciale, quatre-vingtième anniversaire du roman de montagne le plus célèbre du monde, partie émergée de l'iceberg Frison-Roche, quoi de plus naturel pour Martine de ressentir le besoin de raconter et partager ses souvenirs auprès d'un Papa devenu universel ?

Catherine Cuenot

Note de l'éditeur

Certains l'appelaient « Monsieur Frison-Roche », beaucoup le nommaient amicalement « Frison », très peu osaient « Roger », Martine Charoy lui disait : « Papa ».

En août 2019, j'étais venu assister, dans le cadre du Salon du livre de montagne de Passy, à la conférence que donnait Martine en compagnie de Catherine Cuenot et de deux autres auteurs : Anselme Baud et Franck Piccard, dont j'avais publié avec bonheur, quelques mois auparavant, le premier livre : *Petites Chroniques d'un champion olympique*. Accompagné de mon ami, l'auteur Patrick Jagou, nous écoutions avec joie ce moment d'échanges entre ces passionnés de la montagne. Plus qu'une simple conférence, Martine nous dressait un véritable tableau de son père et nous percevions la relation extraordinaire qui les avait unis. L'idée de départ du livre que vous tenez aujourd'hui entre les mains venait de germer…

À travers ces anecdotes, ces moments de vie entre un père et sa fille, Martine nous livre « son » Roger Frison-Roche. Sans entrer dans une intimité trop secrète, Martine nous donne le bonheur de découvrir l'homme Frison-Roche. Beaucoup de documentaires et de magnifiques ouvrages ont déjà présenté l'écrivain mondialement connu qu'il fut, le journaliste de presse écrite, l'aventurier précurseur et, bien sûr, l'alpiniste et le guide de haute montagne qu'il était. Ici, sous le regard aimant, nostalgique et sans concession de sa fille Martine, le lecteur découvre un Frison-Roche méconnu, un père, un grand-père et un arrière-grand-père qui essaya de transmettre des valeurs, celles de la montagne notamment, des passions aussi et une certaine conception de la vie rythmée par un mot : « Liberté ».

Guillaume de Uffredi
Éditions les Passionnés de bouquins

Avant-propos

Quand j'ai quitté Alger, en juillet 1955, j'allais avoir quinze ans. Ce fut un déchirement, car j'étais née là-bas, j'y avais mes amies, mon lycée, ma vie, une vie que j'adorais. J'étais la benjamine et, de ce fait, très gâtée par mes parents, mon frère et ma sœur étant nettement plus âgés que moi. J'aimais ce pays magnifique où j'étais née pendant la guerre, en 1940. Ces quatorze premières années n'ont été que du bonheur, car toute ma famille était là. J'ai grandi d'un coup à la mort de mon frère aîné, Jean, âgé de dix ans de plus que moi, en 1954. Pour moi, la nostalgie de ces années bienheureuses est restée liée dans mon esprit à l'Algérie.

La guerre, je ne m'en souviens qu'à peine, sinon le bruit terrifiant des bombes lâchées par les Américains. Mon père était pour moi un inconnu, ou presque, toujours parti, et je n'ai vraiment fait sa connaissance que vers l'âge de cinq ans. Il avait « vieilli » et devenait un père plus attentif à sa dernière fille. C'est là que tout a commencé entre nous deux. De cette époque, je partage mes souvenirs entre Alger et Chamonix.

À l'automne 1945, il a voulu m'emmener à Chamonix pour faire la connaissance de mes grands-parents Landot et de mon oncle René. J'y ai passé tout un hiver, avant de rentrer à Alger, près de Maman.

Plus tard, une fois ma sœur mariée et mon frère parti aux États-Unis dans l'armée de l'air, mon père s'est raccroché à moi, la petite dernière. Cela ne s'est jamais démenti car je l'ai accompagné très souvent, que ce soit à cheval, en montagne ou à la mer. À Nice, où nous nous étions installés, je crois que Papa, très éprouvé par la perte de son fils, a pu surnager un peu grâce à moi, grâce surtout à la mer, à la montagne qui nous guérissaient peu à peu de notre deuil.

Le temps a passé, je me suis mariée, j'ai eu une famille à moi, mais Papa restait tout le temps dans le fond de mon cœur. Dans sa grande vieillesse, j'ai eu le bonheur de pouvoir l'accompagner dans les deux dernières années de sa vie, à Chamonix, dans le chalet familial.

Toutes ces petites histoires vécues avec mon père que je vais vous raconter sont un témoin de l'amour qui nous a unis.

La baie d'Alger.

Mon père et moi à une époque bien lointaine.

À Alger, mon père Frison, en tenue de correspondant de guerre, avec ses trois enfants : Jean, Danièle et moi.

La traversée de la Mer de Glace 1945

Devant mes yeux une photo jaunie de nous cinq sur la terrasse du Montenvers, Papa doit avoir trente-neuf ans, il est magnifique avec ses cheveux en bataille et son allure dégingandée, Maman jolie comme un cœur, et nous, les trois enfants, Jean seize ans, Danièle douze ans et moi cinq ans, en culottes golfes et souliers cloutés, avec en fond le décor naturel des Drus. C'était le temps du bonheur, la fin de la Seconde Guerre mondiale et la famille au complet.

Ce sont nos premières vacances en France depuis la fin de la guerre. Bien sûr direction Chamonix. Nous logeons tous les cinq dans une petite pension de famille gérée par mademoiselle Rose. Nous sommes à cinquante mètres de la vieille maison de mon grand-père, Jules Landot, rue Joseph-Vallot. Une famille amie d'Alger passe ses vacances dans la même pension. Trois enfants dans chaque famille, dont les âges correspondent. Les petites dernières comme Christiane et moi ont quatre et cinq ans.

Aujourd'hui grande expédition avec mon père que je connais si peu, il joue le guide pour nos deux familles, et nous voilà dans le petit train à vapeur du Montenvers. À l'époque, la Mer de Glace arrivait presque au niveau de l'hôtel, et il était très facile de faire la traversée sur ce grand plateau glaciaire, où l'on ne voyait pour ainsi dire pas de crevasses. On rejoignait une moraine facile sur l'autre versant et l'on descendait ensuite tranquillement vers la buvette du « Chapeau », avant d'arriver au Lavancher. C'était une bonne petite trotte pour les deux plus jeunes.

Ce fut ma première « course », qui décida de mon amour pour la randonnée. Une passion tenace transmise inévitablement par mon père. Il a d'ailleurs transmis ce goût de la montagne à toute la famille. Je ne crois pas qu'il y ait eu chez lui une volonté de nous faire absolument aimer la montagne et il ne nous l'a d'ailleurs jamais imposée. Il nous l'a fait découvrir et a su transmettre cette passion en douceur à ses enfants et à ses petits enfants. Alors âgé d'à peine dix ans, son petit fils connaissait le nom de toutes les aiguilles de Chamonix… et leur altitude respective !

En 1945, la famille réunie au Montenvers. On distingue, dans l'ordre : mon père Frison à gauche, suivi de mon frère Jean, de ma mère et de ma sœur Danièle. Je suis au premier plan.

Quelques années auparavant, à Chamonix, en 1941.
Toute la famille réunie. Le bonheur.

Djebel Amour
1949

Nous sommes en 1949, j'ai neuf ans et j'accompagne mes parents et un couple d'amis dans une excursion au Sahara. Première étape, Laghouat, oasis saharienne située à 400 kilomètres au sud d'Alger. Laghouat est une wilaya, c'est-à-dire une commune dont dépend Aïn Madhi, cité qui est le but de notre voyage, située dans un paysage pastoral au pied du djebel Amour. Il y a un ksar au pied de la montagne qui témoigne d'un passé révolu. Je suis très jeune, mais j'ai toujours en tête cette approche de Kourdane, où se trouve le palais de la Tidjania, trois dessins à la plume représentent en perspective cette arrivée avec Kourdane, tout petit dans le lointain, puis s'agrandissant à mesure de notre approche. Je ne pouvais imaginer à l'époque que ce cadre serait la trame d'un magnifique roman de mon père racontant la vie d'Aurélie Piccard, devenue princesse Tidjania après avoir épousé un prince musulman noir. Quand nous visitons le palais de Si Ahmed Tidjani, les lieux sont devenus un musée établi dans un désert. C'est impressionnant de voir, au milieu de nulle part, une demeure où tout est resté en l'état, c'est-à-dire un décor bien bourgeois des années 1870 en France. Le roman de mon père est sorti en 1981. Cette histoire romantique à souhait, longtemps enfouie dans ses souvenirs, s'est rappelée à lui. La très grande majorité des romans de mon père a suivi ce cheminement. Ses romans partaient d'un souvenir fort, souvent vécu bien des années auparavant. Il puisait son inspiration dans un souvenir, une anecdote, un voyage ou un reportage, très souvent réalisé avec ses fidèles amis, Georges puis Pierre, son fils.

Tel était, plusieurs années après, le point de départ d'un nouveau roman. Mon père n'a jamais écrit par imagination pure. Il avait besoin d'un fait réel, d'une rencontre, d'un moment de vie marquant pour nourrir le point de départ de son écriture. Pour *la Grande Crevasse*, par exemple, l'anecdote remonte à plusieurs années auparavant, où un fait divers avait défrayé la chronique : un certain Guy Labour, que tout le monde pensait mort, fut extrait d'une grande crevasse du glacier des Nantillons. On sauva cet homme, disparu six jours plus tôt, tombé au fond de cette crevasse. Papa avait d'ailleurs couvert cet événement en tant que journaliste. Il fonctionnait donc toujours ainsi pour ces romans. Il œuvrait uniquement par souvenirs. Il ne prenait que très peu de notes, d'une manière générale. Je me rappelle lui avoir tapé à la machine le manuscrit de *Djebel Amour*, car il n'était plus tout jeune à cette époque (au début des années quatre-vingt). J'avais ainsi la chance (comme ce

Le tombeau de la princesse Tidjania à Kourdane
(dessin de Charles Brouty).

fut le cas pour d'autres de ses livres) de pouvoir les lire en avant-première, ce qui était un vrai privilège, car même ses meilleurs amis ne le pouvaient pas. Je gardais mes impressions pour moi. Seul monsieur Contou, son assistant littéraire avec qui il passait énormément de temps dans la relecture du texte, avait également cette primeur. Je me souviens que ce dernier venait au chalet, parfois durant trois journées entières, et tous deux, pendant des heures, relisaient et pesaient chaque mot et chaque phrase. En retapant ses textes, pour lesquels je devais d'ailleurs prêter la plus grande attention, car oublier une phrase ou un paragraphe m'obligeait à retaper la page entière, était pour moi très enrichissant, car j'avais ainsi l'impression de participer à la construction d'une œuvre qui resterait. Bien qu'il s'agisse d'un travail fastidieux, je le faisais donc avec un certain plaisir. Pour *Djebel Amour*, j'étais frappé par la quasi-absence de notes, tout était dans sa tête, trente ans après. Il faut dire que chacun de ses voyages était minutieusement étudié auparavant. Il passait de longues heures de préparation pour chacune de ses expéditions. Cela devait l'aider à se remémorer des détails bien des années plus tard. C'est ainsi qu'il écrivit *Djebel Amour*. Un nouveau roman qui avait encore le désert pour cadre. Je peux dire aujourd'hui que, parmi tous ses romans, sa préférence allait aux livres sahariens, même s'il avait une affection toute particulière pour *la Grande Crevasse,* paru en 1948. Un livre qu'il a appris à aimer de plus en plus au fil des années. Mais, je ne suis aujourd'hui guère étonnée qu'il ait toujours préféré ses

Mon père Frison, ici très jeune, à Kairouan en Tunisie dans les années trente.

œuvres sahariennes, car mon père adorait le désert. Ce Sahara qu'il avait découvert lors de son expédition, en 1935, avec le capitaine Coche. Ce goût pour le désert a forcément compté dans son départ pour l'Algérie, en 1938, quand il prit un poste de journaliste à Alger.

Et puis un jour, sans crier gare, son goût pour l'écriture l'a quitté. Sans raison apparente, sinon le grand âge. Il a cependant toujours gardé le goût pour la lecture. Sa bibliothèque était immense. Mon père, n'ayant pas fait d'études et ayant quitté l'école en troisième, s'est construit grâce à sa passion pour les livres. Il lisait également beaucoup la presse, bien sûr en tant qu'ancien journaliste, mais également par intérêt pour le monde, les actualités locales et internationales. En grand fan de sport qu'il était, il lisait également très souvent le quotidien *l'Équipe*.

Aujourd'hui, c'est avec nostalgie que je me souviens de cette excursion, en 1949, au pied du djebel Amour. Et c'est étonnant de penser que j'ai pu aller un jour à Kourdane. Qu'est devenu ce palais enfoui dans les sables, maintenant que le Sahara est devenu un lieu de guerre ?

Bien des années plus tard, mon père, assis dans son fauteuil favori, au coin du feu, au chalet à Chamonix, lisant la presse quotidienne.

La famille de Beaufort
1950

Dès que j'ai eu dix ans, j'ai participé à la visite saisonnière auprès de notre famille Beaufortaine. J'étais un peu perdue, au milieu de tous ces cousins qui vivaient sur les pentes du versant du soleil. J'ai connu l'oncle Maxime, le frère de ma grand-mère, âgé de quatre-vingt-dix ans à l'époque, qui vivait au Péchat, le chalet d'été de la famille Bon-Mardion. Il était presque aveugle et je le revois, assis sur son balcon dominant la vallée, et fumant sa pipe.

L'oncle Maxime avait deux enfants Jean et Céline. Léa, fille unique de Jean, était un bon parti, selon les critères du pays. Elle épousera un émigré italien, Ernest, travaillant avec son père, et aura deux enfants, Bruno et Denise, cette dernière étant la filleule de Papa. Il aimait bien aller les voir en passant à pied par les Contamines, il emmenait seulement Jean, mon frère, et Danièle, moi-même étant trop jeune pour les suivre. J'ai des photos les montrant faisant les foins. Ils dormaient à Beaufort chez la cousine Céline et rentraient à pied, le lendemain, sur Chamonix, vannés mais heureux.

Le chalet d'été de la famille Bon-Mardion, au Péchat, dans le Beaufortain. Aux origines familiales de mon père et de la famille Frison-Roche.

Sur le balcon du chalet, à Beaufort. On distingue de gauche à droite : ma mère, moi-même, mon père Frison, l'oncle Maxime et ma sœur Danièle.

L'été 1954 Papa nous a emmenés, comme chaque année, visiter la famille, à Beaufort ; ce souvenir est douloureux, car c'était encore le temps du bonheur, avec mon frère Jean alors juste rentré des États-Unis. Cet été-là, Papa voulait présenter sa première petite-fille Sophie, qui avait juste un an, aux cousins répartis dans les alpages. J'ai une belle photo prise aux « Curtillets », où l'on voit Jean, mon frère, tenant par la main sa petite nièce qui commençait à marcher.

Notre cousine Léa et son mari habitaient cette grande maison savoyarde située sur le versant ensoleillé. Nous étions venus par le col des Saisies, qui était encore livré aux troupeaux de vaches, pas encore de constructions ni de téléskis. La route descendait ensuite sur Hauteluce et, de là, une route sinueuse nous menait jusqu'aux Curtillets. Hospitalité beaufortaine avec une table couverte de denrées savoyardes : beaufort, motte de beurre, café, diots, miche de pain. À trois heures de l'après-midi, il faut faire face à ce buffet. Ce n'était que le premier, car, ensuite, nous sommes montés au Péchat, le chalet familial de l'oncle Maxime. C'était l'époque du regain et il y avait beaucoup de monde dans les prés. Une symphonie pastorale.

À Beaufort-sur-Doron, en premier lieu, nous allions chez Céline, la cousine germaine de Papa de quinze ans son aînée, qui s'est beaucoup occupée de lui petit. Malgré ses beaux yeux bleu très clairs et sa belle allure, Céline, veuve de la guerre de 1914-1918, ne s'est jamais remariée. Elle tenait un bistrot dans la maison familiale, femme très digne et aimable qui a su se faire respecter. Sa maison de ville donne sur le Doron et, lorsque nous dormions chez elle, on entendait toute la nuit le doux murmure du torrent qui nous berçait.

Un peu plus haut sur la route d'Arêches il y a un petit plateau, « Le Bersend », avec quelques chalets. Là résidaient les parents de Roger Bouchage (un petit cousin de Papa qui tenait alors l'hôtel du Doron), dans une grande ferme un peu isolée des autres. C'est un très beau coin bien ensoleillé également.

Nous sommes restés proches des nouvelles générations, et Papa, dans ses vieux jours, passait une bonne semaine à l'hôtel du Doron, accueilli par Roger et Denise Bouchage, guidé par Frédéric, leur fils aîné, moniteur de ski, qui lui faisait faire le tour de la famille et des vieux amis. Il l'emmenait entre autres à Roselend, au-dessus du barrage. J'ai connu moi-même la vallée de Roselend avec ses beaux pâturages avant qu'elle ne disparaisse sous les eaux[1]. Papa était heureux de se replonger pendant quelques jours dans ses souvenirs. Je pense qu'il devait raconter à Frédéric sa guerre de maquisard, et cet échange entre l'ancien et le jeune était source de bonheur.

À la fin de sa vie, alors qu'il avait déjà quatre-vingt-dix ans, Papa revenait tous les deux ans à Beaufort et dans le Beaufortain. Il faisait « la tournée des anciens ». En plus

---

1. Le lac de Roselend est un lac artificiel, situé sur la commune de Beaufort. Il fait partie d'un important complexe hydroélectrique créé dans les années cinquante et soixante. Cf. Catherine Ivanoff, *Mon aventure de l'hydroélectricité. Une adolescence en Beaufortain dans les années soixante*, Craponne, Éditions Les Passionnés de bouquins, 2015.

de son goût pour les rencontres et le contact humain, il retrouvait ainsi les fermes et les paysages de son enfance. Il retrouvait aussi un peu de cet agropastoralisme qu'il avait connu et qu'il aimait tant. Même habitant Paris lorsqu'il était enfant, il venait tous les ans, un peu plus de trois mois durant l'été, dans le Beaufortain. Il donnait alors un coup de main, il gardait les vaches ou faisait les moissons. Il adorait ça ! Il adorait le monde paysan ! Je crois que dans ces nombreux retours à Beaufort, alors qu'il était très âgé, il y avait un désir de sentir une fois encore la vie de ce monde paisible des montagnes. Il avait, toute sa vie, vu évoluer le milieu montagnard, avec l'avènement du tourisme entre autres, et je crois qu'il avait une forme de nostalgie de cette montagne agropastorale qu'il avait connue et tant aimée. Un jour, il dira d'ailleurs dans un entretien télévisé : « On a tué le rêve. Regardez, on a fait l'Everest. Quelle erreur ! On n'a plus rien pour rêver. Si ce n'est notre montagne spirituelle… » Paradoxalement, toujours avide d'expériences et d'aventures, il aimait aussi tous les aspects novateurs que la montagne permettait. C'est d'ailleurs ainsi qu'à quatre-vingt-dix ans passés, il nous annonça vouloir s'essayer au parapente… Et c'est avec regret, et après l'avoir difficilement convaincu, qu'il dû se résigner…

De mon côté, mon père m'emmenait donc régulièrement à Beaufort, et ce depuis toute petite. Mais même après le décès de Papa, j'ai continué à y faire des séjours réguliers. Je dirai presque que j'ai plus découvert le Beaufortain après son départ. Une année, accompagnée

Ma mère, ma sœur et mon frère avec l'oncle Maxime, à Beaufort.

de mes petits-enfants, j'ai fait le tour du Beaufortain à pied. Sur les traces de l'enfance de mon père en quelque sorte. J'ai appris à découvrir cette région et cette montagne différente de celle (plus pentue) que je connais tant à Chamonix. Il faut dire que mon père m'a fait plus découvrir la haute montagne et la région de Chamonix que les beaux paysages du Beaufortain. Mais malgré cela, il m'a toujours permis de garder un lien indéfectible avec la famille de Beaufort. Aujourd'hui encore, quand je me rends dans cette vallée, je suis frappé par l'aura qu'a conservée mon père dans sa région natale. Nos cousins du Beaufortain étaient et sont toujours fiers de Frison et de sa réussite, mais je puis affirmer sans me tromper qu'ils étaient surtout fiers qu'il soit resté le même, humble et proche d'eux.

Noël familial à Gardhaia
1950

À Alger, nous habitions dans un appartement jouissant d'une vue exceptionnelle sur la baie d'Alger et donnant sur le parc de Galland. En bas de chez nous, il y avait un « moutchou », c'est à dire un épicier mozabite ouvert à toute heure du jour et fermant très tard, Ce petit commerce fonctionnait en famille, idéal pour les petites courses oubliées. Papa nous avait expliqué que tous ces petits épiciers d'Alger venaient de la vallée du Mzab aux cinq oasis, dont Gardhaia était la plus belle. Ils travaillaient toute leur vie et puis venait l'heure de la retraite, où ils retrouvaient leurs belles oasis et une vie de farniente sous les palmiers, car cette communauté du Mzab était riche, et Ghardaia la plus renommée des oasis.

Je viens de retrouver dans mes fonds de cave toute une caisse de diapositives faites par mon père lors de ce voyage à Ghardaia. Nous étions tous les cinq encore avec Jean, Danièle, mes parents et moi, la benjamine, c'était le bonheur.

Papa avait voulu nous faire découvrir un peu le grand sud algérien qu'il connaissait si bien. Ghardaia est à environ 500 kilomètres au sud d'Alger, et la route n'est pas très commode, surtout sur la hammada des hauts plateaux, où elle devient souvent une piste peu confortable. Le paysage est monotone, heureusement, à mi-chemin, il y a l'oasis de Laghouat qui permet un repos délicieux. Décembre, c'est le bon moment pour voyager dans le sud, mais il fait très froid la nuit.

L'arrivée à Ghardaia est magnifique, après ce long passage dans des lieux désertiques. La ville toute blanche se dresse autour d'une colline avec son minaret érigé au sommet, d'où nous entendrons l'appel à la prière toujours émouvant ; en contrebas se trouve la grande palmeraie avec ses multiples foggaras (petites canalisations artificielles qui en permettent l'irrigation).

Nous voici enfin arrivés et nous débarquons à l'hôtel Transat de la ville, très luxueux et confortable, niché dans la verdure. Première déception, les places retenues ont été louées deux fois, ce sont des choses qui arrivent souvent. Papa et Maman ont tout de même une chambre, mais nous, où serons-nous logés ? Toujours débrouillard, Papa contacte un ami de l'armée en poste à Ghardaia et nous voici logés à la caserne, ça n'était pas prévu. Pour Jean et moi-même, pas de soucis, mais un problème pour Danièle, une belle jeune fille de dix-huit ans qui allait mettre la caserne en émoi. Je pense que l'on a dû lui donner une petite chambre pour elle toute seule. La nuit, froid polaire, et nous nous sommes réveillés transis

À Alger avec mon père Frison et ma sœur Danièle, dans les années cinquante.

avec des flaques d'eau gelées. Bien sûr, réveil au clairon, très tôt le matin, et nous avons filé rapidement rejoindre les parents. Visite de la Medina, de la palmeraie, des souks aux mille odeurs, repas délicieux avec couscous, méchouis, pâtisseries au miel et thé à la menthe.

Du temps de l'Algérie française, l'armée était installée dans toutes les oasis du sud et contrôlait ainsi le passage des nomades. La Compagnie générale transatlantique avait implanté toute une chaîne de grands hôtels dans les principales oasis sahariennes.

Ce Noël a été l'un des derniers à nous réunir, car, ensuite, Danièle s'est mariée et Jean est parti terminer ses études en France.

En route vers Ghardaia.

Le Moine
L'accident des Égralets
1952

Nous sommes en 1952 et je suis très excitée, car je vais faire ma première vraie course d'escalade avec mon père. J'ai douze ans cet été-là, ma sœur Danièle, déjà fiancée à dix-huit ans, n'est pas là, et Papa est trop content de me faire découvrir ce massif du Couvercle. Nous allons coucher en refuge et, le lendemain, escalader le Moine. J'ai peine à le croire. J'attends ce moment depuis très longtemps. J'ai hâte de me retrouver avec lui en montagne.

Première étape, le petit train à vapeur du Montenvers, le trajet dure une heure, le temps de bien regarder le paysage, un bon marcheur peut aller aussi vite que le train. De nos jours, le trajet électrifié nous amène au sommet en vingt minutes. À l'arrivée, direction la Mer de Glace, avec quelques échelles faciles à descendre. Elle s'étend comme un large fleuve bien blanc hérissé de quelques séracs. Nous marchons du pas tranquille et lent des montagnards, sautant parfois des crevasses ou des bédières, ces rivières de glacier qui se terminent dans le gouffre d'un moulin. C'est très angoissant, il ne s'agit pas de tomber, nous serions emportés sans espoir.

Nous sommes partis avec Papa en même temps que le porteur du refuge, qui avait un bon chargement sur le dos. Le porteur étant le premier stade du diplôme de guide, indispensable, car tout se monte à dos d'homme, matériel et nourriture, pas encore question d'hélicoptère, et c'est impressionnant quand on voit la paroi des Égralets où nous devons passer. On m'a raconté qu'un porteur avait monté sur son dos la cuisinière du refuge pesant cent kilos ! Après la traversée d'une moraine très accidentée, nous arrivons au pied de ce fameux passage, Les Égralets, une falaise de 200 mètres environ que l'on grimpe à l'aide de câbles fixes ou d'échelles. Et là, nous sommes confrontés à un drame épouvantable : deux jeunes femmes s'étaient arrêtées au pied de la paroi pour casser une petite croûte, et un bloc énorme est tombé, écrasant la première et emprisonnant l'autre. Cette dernière était consciente, comme anesthésiée par la douleur. C'était affreux, il a fallu attendre l'équipe de secours que l'on était allé chercher, cela a pris très longtemps, plusieurs heures avant de pouvoir la dégager grâce à des barres à mine.

Tous très choqués, nous avons repris la montée au Couvercle, mais l'ambiance n'était pas au plus beau.

Soirée douce au refuge avec le gardien que Papa connaissait bien et, le lendemain, départ à 5 heures pour notre escalade. Tout d'abord l'approche sur un névé gelé bien raide, ensuite une bonne rimaye à traverser. Il faisait

Mon père au Moine quelques années auparavant. Ici sur le tournage du film *Premier de cordée*, en 1943.

très beau, lever du soleil, rose tendre sur les aiguilles, vue panoramique sur toute la Mer de Glace, le glacier du Géant, les Jorasses, le mont Blanc, spectacle grandiose. Quelle belle escalade, je suivais mon père rapidement, ce n'est pas très difficile. Il me commentait également les passages de cette arête sud où il avait tourné le film *Premier de cordée*. Étant recherché par la Gestapo, il avait passé trois mois entiers au refuge sans redescendre à Chamonix. Arrivés au sommet, le panorama se déroule largement. On peut voir toute la chaîne ecclésiastique, dont le Moine est le premier chaînon, la Nonne, l'Évêque, le Cardinal et, dominant le tout, la Verte, superbe dôme de neige et de glace.

La descente s'est faite par la voie normale sans un seul rappel, Papa étant le roi de la désescalade et du sens de l'itinéraire, si important au Moine, car le face est très large et les occasions de se perdre nombreuses.

C'est un de mes plus beaux souvenirs avec mon père, car je commençais seulement à découvrir la haute montagne, dont j'ai vite attrapé le virus.

Le Caroubier
1952

Petite fille, je faisais de la danse classique, que j'aimais bien mais où je ne me distinguais pas vraiment. Vers onze-douze ans Papa m'a proposé de faire de l'équitation, mais il y avait un choix à faire, c'est-à-dire arrêter la danse. Je n'ai pas hésité et, hop, à cheval. Une de mes grandes passions après la montagne.

Il y avait un charmant petit club nommé Le Caroubier, comme l'arbre du même nom, se situant à dix kilomètres d'Alger. On y accédait par la route Moutonnière, qui était parallèle à la mer. Papa savait monter à cheval depuis l'armée et nous avions l'habitude de nous y rendre ensemble. Après un apprentissage en carrière sur de petits chevaux arabes nerveux, ce furent les ballades en extérieur et, plus spécialement, sur la plage. Nous étions plusieurs dans ces sorties et les chevaux s'excitaient entre eux. Un jour, je me suis laissé embarquer par Simoun, un petit cheval merveilleux, mais que je n'ai pas pu contrôler ; je tenais bien les rênes, mais je me mettais en avant et cela énervait encore plus le cheval. Croyez-vous que mon père

À cheval, à Alger.

De nouveau à cheval, des années plus tard. L'équitation est une autre passion qui ne m'a jamais quittée.

se soit inquiété, pas du tout, il riait aux éclats. Enfin j'ai réussi à arrêter Simoun en le dirigeant vers la mer, où, à force de patauger, il s'est calmé.

Ce jour-là donc, la route du retour vers Alger fut nettement plus longue, car Papa s'arrêtait tout le long dans les bistrots du coin, pour lui une anisette, pour moi un Fanta orange. Ne me parlez plus de ce soda, j'en ai été dégoûtée à vie. Il faut dire qu'il adorait ces ambiances de bistrot, curiosité du journaliste qu'il était. Mais, au-delà ce cette déformation professionnelle, il avait un véritable goût pour les rencontres, pour les discussions. Il retrouvait dans ces cafés, que ce soit ici ou à Chamonix, un côté humain qui lui plaisait énormément. À la fin de sa vie, il allait déjeuner presque tous les jours à Chamonix. Dans les dernières années, son appétit diminuait fortement avec l'âge. Il commandait parfois un plat du jour et n'y touchait presque pas, car il n'avait en réalité pas faim. Mais c'était pour lui un plaisir immense que de se retrouver dans cette ambiance, de discuter, d'être attentif aux détails de la vie. Les gens l'interpellaient pour discuter avec lui, « Frison » par ci, « Frison » par là. Peu de monde l'appelait « Roger », seuls quelques amis anciens ou les vieux guides qui l'avaient connu jeune le faisaient. Il faut dire que mon père détestait son prénom. De plus, son nom entier était un peu long : « Roger Frison-Roche ». C'est d'ailleurs la raison pour laquelle, nombre de ses livres inscrivent uniquement « Frison-Roche » comme nom de l'auteur. Papa encouragea lui-même à ce qu'on l'appelle « Frison »... et par facilité et amitié,

Frison et Frisonnette dans leur jeunesse, à Chamonix, bien des années avant ma naissance.

les Chamoniards décidèrent aussi d'appeler sa femme : « Frisonnette ».

Avec ce club du Caroubier, nous avons fait des concours hippiques qui nous emmenaient dans des villages aux alentours d'Alger, c'était très amusant ; Papa me coachait et j'avais un cheval préféré, Saint-Donnat, qui sautait merveilleusement bien. Quand le sort nous le désignait, on était à peu près sûr de gagner la coupe. Cela m'est arrivé plusieurs fois, mais je me souviens surtout d'un concours où assistaient des soldats blessés qui rentraient d'Indochine. C'était en 1952 et je ressens encore aujourd'hui l'émotion que j'ai eue.

Festival du film de montagne de Trente 1952

Georges Tairraz et mon père venaient de réaliser un court métrage intitulé *Sur les traces de Premier de cordée.* Ils devaient le présenter au festival de Trente consacré aux films de montagne du monde entier. N'ayant pu venir, Georges Tairraz délégua son fils Pierre pour accompagner Papa. Pierre avait dix-neuf ans, était déjà un bon alpiniste et accompagnait souvent son père en montagne pour capturer ces magnifiques photos de neige et de roc, commençant déjà son apprentissage de photographe de haute montagne. Papa m'avait emmenée dans ce petit voyage qui nous conduisait dans les Dolomites où se situe la ville de Trente. Nous avons bien failli ne pas y arriver. Papa avait à l'époque une voiture Simca décapotable ; Papa et Pierre devant, et moi derrière. Nous nous sommes trouvés derrière un gros camion transportant des poutrelles, l'une d'elles s'est détachée et nous est passée au-dessus de la tête, une grande frayeur mais pas de mal.

Je me souviens de cette grande salle où se déroulait la présentation des films. Il y avait une belle sélection française cette année-là : *Cimes et Merveilles* de Samivel, *Drame à la Nanda Devi* de Jean-Jacques Languepin, *le Fitz-Roy*, film de George Strouvé montrant cette première ascension réalisée par la cordée Lionel Terray et Guido Magnone.

La présentation de leur film, *Sur les traces de Premier de cordée*, fut très bien accueillie mais ne remporta pas de prix.

Sur cette note finale, Papa décida de faire l'école buissonnière avant de rentrer à Chamonix, en passant par Venise. Ce n'était pas un si grand détour, et pour nous une belle surprise. Cette ville m'a semblé magique et mystérieuse avec tous ces palais bâtis sur la lagune. Ce souvenir romantique est très lointain mais il ne m'a jamais quitté. Une photo de nous trois sur le pont des Soupirs a pérennisé cet instant.

J'ai attendu quarante ans pour revenir à Venise, et le charme de cette ville a continué de m'envoûter.

En 1952, sur le pont des Soupirs, avec mon père et Pierre Tairraz.

La baie d'Alger
1953

Alger, El Djezair en arabe, porte bien son nom. La casbah lumineuse de blancheur, avec ses petites maisons étagées encastrées les unes dans les autres, domine le port d'Alger. La baie d'Alger est l'une des plus belles au monde. Alger la blanche que l'on découvre dans toute sa splendeur en arrivant en bateau.

En ce mois de juin 1953, il fait déjà une chaleur torride, et le port brille de tous ses feux. Dans le port, il y une piscine d'eau de mer magnifique, le RUA, édifiée sur la digue qui protège le port, avec vue sur la pleine mer au nord et la casbah au sud. Piscine privée du Racing universitaire algérois. Pour y accéder il y a un passeur arabe godillant une petite barque pour faire la navette.

Je me souviens que mon père nous y emmenait souvent. C'était un moment délicieux que je partageais avec mes amies. C'est là que Maman a appris à nager, disons plutôt à faire quelques brasses, car elle n'aimait pas l'eau.

Papa nous emmenait également sur la jetée de l'Agha, côté pleine mer, où nous plongions depuis les gros blocs.

Il n'y avait qu'une échelle de fer rouillée pour remonter. C'était impressionnant et non conseillé par grosse mer, car on pouvait se faire drosser sur les rochers. Les week-ends nous allions nous baigner sur les grandes plages à l'extérieur d'Alger. C'était soit, vers l'est, la plage immense et sauvage de Surcouf, soit, vers l'ouest, La Madrague, Moretti, le club des Pins. Cette dernière appartenait à une élite et il fallait montrer patte blanche.

Pour nous, les deux grandes classiques étaient Moretti et, surtout, Surcouf, plage étendue sur six kilomètres. On y accédait par une sente qui descendait la falaise parmi une petite forêt de roseaux.

Je ressens encore la touffeur que l'on ressentait sous le cagnard de midi, avant d'arriver sur la plage et de se brûler les pieds pour atteindre la mer. La Madrague, pour moi, était surtout le parc d'huîtres où nous allions souvent après le bain, sur le chemin du retour.

À la fin de la guerre, durant l'été 1945, mon père avait loué avec trois autres couples amis une immense villa à Surcouf, au bord de la falaise dominant la mer. J'avais à l'époque cinq ans et adorais l'eau. C'est là que j'ai appris à nager avec Papa, grâce à une grosse bouée faite avec une chambre à air de roue d'avion. Je me souviens surtout de Papa, complètement inconscient, qui me jetait carrément dans les grands rouleaux qui s'écrasaient sur la plage. En fait, le seul qui ait failli se noyer est Papa. Il raconte dans *le Versant du soleil*, comment il s'était laissé entraîner par les courants et ne pouvait plus rentrer. Je me souviens que la vie était très gaie et détendue ; nous, les enfants, profitions de cette liberté, surtout Danièle et Jean, qui étaient les aînés. Bienheureuses vacances après les douloureuses années de guerre.

N'oublions pas Fort-de-l'Eau, où nous nous arrêtions pour manger des brochettes d'agneau, de cœur ou de foie, cuites au canoun dans des petites buvettes échelonnées en bordure de la rue principale.

Le tour du Mont-Blanc
Frison et ses deux filles
1953

En juillet 1953, j'avais treize ans, et ma sœur Danièle vingt ans, cette dernière déjà mariée et maman d'une adorable petite Sophie. Mon père se retrouvait grand-père à quarante-sept ans, dans la pleine force de l'âge. Danièle, en manque de montagne, ne rêvait que de partir en rando, alors bien sûr Maman se chargea du bébé et nous pûmes partir avec Papa faire le tour du mont Blanc, qui s'étale sur huit jours mais nous n'en avions que cinq. Se joignirent à nous deux amis de Papa, Jean Moro et Paul Julien, bons marcheurs et heureux de découvrir ce parcours peu fréquenté à l'époque. Papa avait en fait lancé la mode et fait découvrir la beauté de ce tour avec son film *Sur les traces de Premier de cordée*.

Nous avons fait ce tour du mont Blanc « à l'envers », c'est-à-dire en démarrant par le col de Balme, alors que presque tous les tours démarrent par les Houches. Cette première étape nous a conduits à Champex, en Suisse, en passant par le col de la Forclaz et la montagne de

Bovine, qui domine la vallée du Rhône avec une vue exceptionnelle sur les Dents du Midi et le Murvan. C'est un passage magnifique, dans la forêt d'abord, puis dans les alpages riches de nouveaux troupeaux. Pour ma sœur et moi, Papa et ses amis étaient de vieux messieurs, un peu trop lents à notre goût, et nous partions devant avec notre énergie toute neuve, les laissant loin derrière. Mais, finalement, ils nous rattrapaient toujours car, dès qu'il y avait un troupeau de vaches à traverser, nous étions terrorisées, l'ascendant beaufortain n'a pas joué dans notre amour des vaches. Je les aime toujours bien, mais de loin. L'étape de Champex est un délice pour les randonneurs, avec son petit lac romantique et sa vraie raclette au feu de bois arrosée de fendant. Le lendemain, direction le val Ferret suisse ; c'est un passage remarquable, car on longe le torrent et on traverse plein de petits hameaux fleuris avec leurs raccards si typiques et, là, nous avons fait halte chez un ami de Papa, Xavier Kalt, président à l'époque des guides suisses. La soirée n'a pas été triste avec ces quatre lurons qui carburaient bien au petit blanc, ambiance chaleureuse et ils ont tous entonné les chants de nos montagnes qui se retrouvent dans les trois vallées. Papa, qui adorait chanter, surtout les chants savoyards, était aux anges.

Après cette soirée, la montée du grand col Ferret, le lendemain matin, a été un peu laborieuse. Arrivées au deux tiers de la montée, nous avons trouvé les chalets d'alpage et, bien sûr, durant l'été, les bergers. Couchées dans l'herbe, nous avons attendu patiemment notre équipe, toujours encadrée par Papa, qui ne les lâchait jamais, comme il se doit pour un guide. Nos amis arrivent enfin un peu las et Papa leur propose du lait tout frais tiré et crémeux, bonheur pour les amateurs de lait. Nos amis, tout heureux, en boivent un peu trop pour des touristes. Habitués au lait pasteurisé, ils ont attrapé la « courante ». Je soupçonne mon père de leur avoir fait une blague car, bien sûr, lui, en bon petit berger, avait l'habitude de boire ce lait dans les alpages, ma sœur également, quant à moi, je déteste le lait ! C'est fort possible, car mon père était assez blagueur et se riait de beaucoup de choses… Je n'ai jamais eu le fin mot de cette histoire mais, quoiqu'il en soit, elle est à l'image de Papa.

Descente du col dans un parterre de fleurs de montagnes, le mois de juillet est le plus beau pour la floraison, Danièle et moi avons passé cette descente à cueillir des fleurs, gentianes, rhododendrons, pensées, arnicas, bleuets, lys martagon. Étape au refuge Elena, balcon sur le mont Dolent et la face des Jorasses.

Une partie du val Ferret italien s'est faite en minibus jusqu'à Courmayeur, il n'y avait pas de tunnel à cette époque et il fallait bien enchaîner le tour complet. Nous avons donc sauté une autre étape dans le val Vény grâce au minibus, avant de reprendre avec bonheur la montée au refuge Elisabetta et d'enchaîner la fin du tour par le col de la Seigne et le col de la Croix du Bonhomme jusqu'aux Contamines.

De nos jours, le tour du mont Blanc est devenu un grand classique de randonnée à ne pas manquer.

Le Peigne
1954

Il est 11 heures du soir lorsque je me retrouve à l'hôpital de Chamonix en sang et avec un traumatisme crânien, mon guide Fernand Tournier avec une jambe brisée. Après dix heures d'attente suspendus à une corde dans la paroi du Peigne, l'équipe de secours vient de nous redescendre. Il était temps, car le mauvais temps était arrivé entre temps et nous n'aurions pas survécu à une nuit dehors.

En ce mois de septembre 1954, je viens d'avoir quatorze ans et cette course avec guide était mon cadeau d'anniversaire. En effet, mon père et guide attitré avait été grièvement blessé durant l'hiver passé, accident de ski dans le massif du Tigounatine, en Algérie, et n'avait pas pu faire de la montagne de tout l'été.

Nous avons pris la première benne du téléphérique de l'aiguille du Midi, et sommes partis du Plan de l'Aiguille. Journée éblouissante de septembre, avec un peu de brume annonciatrice du proche automne. Fernand est un fin grimpeur et je le suis en toute confiance. Nous enchaînons les éboulis puis un névé bien raide qui mène au départ de l'escalade. Voie normale qui se termine par un seul passage un peu difficile avant l'arrivée.

Nous entendons les échos des autres cordées sur les aiguilles voisines, mais nous sommes seuls sur la nôtre. C'est du bonheur d'escalader ce beau granite des aiguilles de Chamonix.

Nous arrivons au passage délicat de la course, pause sur une petite plate-forme, puis Fernand m'attache sur un anneau de corde ; il a mesuré sa corde pour que je la file à mesure de son ascension. Que s'est-il passé ? On ne le saura jamais. Fernand, au moment du dernier rétablissement, a été tiré brusquement en arrière et c'est la chute. Il tombe sur moi, me projetant dans le vide, et lui, par chance, tombant de l'autre côté d'un becquet. Il est en très mauvaise posture, la tête en bas et la jambe brisée, la corde a tenu. Quant à moi, très choquée par une chute de quinze mètres, j'atterris sur une petite terrasse miraculeusement. Je suis couverte de sang et ne réalise pas bien ce qui vient de se passer. Je ne vois pas Fernand d'où je suis, je me désencorde et remonte le passage dans un état second. Ça y est, je vois Fernand qui a réussi entre temps à se rétablir la tête vers le haut, il souffre horriblement, mais il est terrifié de me voir désencordée : « Martine, tu m'entends, tu ne dois plus bouger, attache-toi de nouveau, on va venir nous chercher, tout ira bien. »

N'oublions pas qu'à l'époque il n'y avait pas de portable ni d'hélicoptère. Tout sauvetage se faisait en caravane de secours, et les blessés étaient portés dans un cacolet (sorte de sac à dos) ou sur un brancard quand cela était possible. Nous avons crié, crié pendant longtemps et, finalement, une cordée menée par Marcel Burnet a réussi à nous rejoindre après une traversée délicate. Puis ils ont dégringolé la face du Peigne pour alerter les secours.

Le sauvetage m'a été raconté, car j'étais dans un état second et je ne me souviens de rien. J'étais sûre d'avoir une fracture du crâne, réminiscence de *Premier de cordée*, car je sentais le sang qui coulait de mon oreille, et cela devait le signifier. Fernand a été descendu sur le dos de porteurs qui se relayaient, moi, bien encordée, j'ai descendu la paroi sur mes jambes, me brûlant les mains sur les cordes fixes. À l'époque, le sauvetage en montagne n'avait absolument rien à voir avec ce qui se fait aujourd'hui. Mon accident est survenu à 11 heures du matin et j'étais descendue dans la vallée à 23 heures ! De nos jours, quand les conditions météo sont bonnes, un sauvetage s'effectue en deux ou trois heures.

Une fois enfin arrivée dans la vallée, mon oncle René Landot m'attendait en bas du téléphérique pour m'accompagner à l'hôpital de Chamonix. Celui-ci se trouvait alors au bout de la rue Vallot avant que s'y installe la première MAPA[1]. Où étaient mes parents ? Ils étaient partis sans souci pour la journée et m'ont retrouvée dans mon lit d'hôpital. En effet, c'est en rentrant de Genève que mon père entendit à la radio qu'il y avait eu, en fin de matinée, un accident assez grave au Peigne. Me sachant dans ce coin, il appelle son beau-frère René,

1. Maison d'accueil pour personnes âgées.

qui lui donne des nouvelles assez rassurantes. C'est en arrivant à Chamonix qu'il découvre réellement l'ampleur de l'accident. Mais, ne pouvant faire de montagne à la suite de sa blessure de l'hiver passé durant les championnats d'Algérie de ski, il ne peut, à sa grande déception, faire partie de l'équipe de secours. J'ai su peu de temps après qu'il avait eu extrêmement peur sur le moment. Il craignait beaucoup les suites de mon traumatisme crânien survenu dans la chute. Papa a toujours été plus que conscient de la dangerosité de la montagne et de ses aléas. Il a toujours traité la montagne avec une très grande humilité et un grand respect, en sachant toujours que tout pouvait arriver, à n'importe quel moment. Être en haute montagne, c'est aussi être sur ses gardes.

Les suites de mon accident n'ont heureusement pas été tragiques. Même si mon guide Fernand a malheureusement été trop touché pour continuer son métier de guide. En ce qui me concerne, peu de temps après, nous rentrions à Alger sans savoir que ce serait notre dernière année là-bas. J'ai perdu un petit bout de mémoire pendant trois mois. C'était le trou noir. Je n'avais plus aucun souvenirs de cette journée, mais, petit à petit, par bribes, les souvenirs, assez douloureux, me sont revenus en tête. L'été suivant, j'ai repris la montagne avec un peu d'appréhension certes, mais beaucoup de bonheur.

L'histoire n'est pas finie : j'ai su plus tard que mon père Frison avait également fait une grosse chute au Peigne. Trente ans plus tard, je suis retournée au Peigne avec mon fils Stéphane. Tout s'est bien passé jusqu'à dix minutes du sommet, mais, là, nous avons vu arriver de l'ouest de gros nuages méchants annonçant l'orage. Il ne fait pas bon rester sur le rocher si la foudre tombe. Ce fut une désescalade super rapide et sans assurance. C'en était fini. Le Peigne n'est pas pour nous et nous n'atteindrons jamais le sommet, la montagne n'a pas voulu.

J'ai par la suite repris les courses en montagne, avec Papa comme guide. Et de nouveaux sommets se sont ouverts ainsi à moi, pour ma plus grande joie. Jusqu'au jour où, l'âge avançant pour Papa, j'ai dû me résoudre à aller en montagne avec un autre guide que lui. Une fois mariée, j'ai eu la chance d'avoir Marcel Burnet comme guide. Un très grand professionnel avec qui j'avais plaisir à partir en haute montagne. Il s'est malheureusement tué sur Chamonix-Zermatt et je dus trouver d'autres guides de la Compagnie de Chamonix. Chaque guide qui m'accompagnait, les jeunes comme les plus anciens, ne pouvait s'empêcher de me dire tout le bien qu'ils pensaient de Papa. Il faut dire que, tout au long de sa vie, Frison n'a cessé de défendre les intérêts de la Compagnie des guides. Il a d'ailleurs permis de nombreuses avancées, comme le fait que les guides puissent enfin accéder à la sécurité sociale. C'était un peu sa seconde famille qu'il partageait avec nous. Aujourd'hui encore, il m'arrive de croiser de jeunes guides de la Compagnie d'à peine vingt-cinq ans, qui me parlent de lui comme s'ils parlaient d'un camarade qu'ils avaient toujours connu, et j'en suis profondément émue.

Tikjda
1954

À cent cinquante kilomètres d'Alger, en Kabylie, il y avait une petite station de ski avec de jolies pentes, et deux téléskis bien raides ; station est un bien grand mot, car il n'y avait qu'un chalet refuge créé par le docteur Laverne, amateur éclairé. C'était en fait le rendez-vous des copains, dont Papa faisait partie.

On y allait le week-end. La route était longue jusqu'à l'arrivée à Bouïra, petite bourgade où il n'y avait qu'un seul logement pour les voyageurs, à l'hôtel de la Colonie. Ensuite, la route serpentait à travers les collines avant d'arriver à une piste défoncée et enneigée où les voitures devaient vite s'arrêter au virage du Chameau. Il nous restait environ une heure à pied sur cette piste pour atteindre le chalet refuge. Des petits yaouleds (enfants arabes) nous attendaient à ce virage et se tenaient prêts pour porter skis et sacs. Certains étaient carrément nu-pieds. Ils venaient de petits villages kabyles très pauvres, perchés dans les hauteurs, pour gagner un peu d'argent. En Algérie, il ne faut pas oublier qu'il peut faire très froid l'hiver, et encore plus dans les montagnes.

J'accompagnais souvent mon père car j'adorais le ski, bien que ne pratiquant encore que le chasse-neige. Mon frère Jean était aux États-Unis pour sa formation de pilote, ma sœur Danièle déjà mariée et Maman, quant à elle, ce n'était sa tasse de thé.

Beaucoup de ski magnifique dans cette nature superbe et sauvage, et, le soir, pour mon père, des parties endiablées de poker. C'est là que j'ai fait mes premières armes à ce jeu, car Papa me laissait les regarder jouer.

À Tikjda, il y avait des compétitions avec de très bons skieurs, c'est là également qu'avaient lieu les championnats de ski d'Afrique du Nord une année sur deux, l'autre site étant l'Oukaimeden, au Maroc. Les sélectionnés allaient aux championnats de France. Mon frère Jean, très bon skieur, en a fait partie.

En 1954, mon père lui-même a participé à un slalom géant, car il adorait la compétition, et il s'est gravement blessé à la jambe. Il a souffert le martyre, car on l'a descendu sur une luge qui a versé trois fois avant d'atteindre les voitures, puis direction Alger. Cet accident très grave va le handicaper pour une année. Mais cela n'a pas guéri mon père de la compétition, car, à plus de quatre-vingts ans il continuait à skier pour la course des vétérans.

Ce fut la dernière sortie à Tikjda, car le 1er novembre 1954 démarrait la guerre d'Algérie et les attentats interdisant tout déplacement. Notre famille quitta définitivement Alger en juin 1955 pour Nice.

Mon père, le concurrent Roger Frison-Roche, à la course des vétérans.

Noël 1954

Grosse excitation, ce Noël, nous allons tous nous retrouver à Chamonix avec Jean, ma sœur Danièle et son mari Georges. Ils ont eu une petite fille adorable, Sophie, et j'ai hâte de la connaître. À Alger, je me retrouve seule avec mes parents, un peu fille unique maintenant, car Jean a passé deux ans aux États-Unis pour une formation de pilote de jet dans le cadre de l'armée de l'air. Il vient de rentrer à sa base de Dijon et doit nous rejoindre à Chamonix.

Le 21 décembre, nous embarquons tous les trois sur le *Ville d'Oran* pour la traversée sur Marseille. Maman et moi sommes déjà couchées dans notre cabine ; Papa, à son habitude, se balade sur le bateau et nous rejoindra plus tard. Tard dans la soirée, le commandant de bord accueille mon père sur la passerelle : « Monsieur Frison-Roche j'ai une terrible nouvelle à vous annoncer, je viens de recevoir un câble de la base militaire de Dijon, votre fils Jean vient de se tuer dans une collision avec un autre jet. » C'est l'effondrement complet pour Papa, son fils unique dont il était si fier de son titre de pilote. En effet, mon frère avait eu beaucoup de mal à se démarquer de notre père si brillant. Lui était un grand sportif, mais un doux et, également, un littéraire aussi, enfin il avait trouvé son créneau dans l'aviation où il n'avait pas à se mesurer à lui. Mon père était très fier du parcours de son fils. Il était heureux de le voir épanoui et avait beaucoup d'admiration pour lui. Le décès de ce seul fils fut une épreuve terrible. Toute la nuit Papa erra tout seul sur le bateau, sans même réveiller ma mère, et ce n'est qu'au matin qu'il est venu nous prévenir. Pour nous, c'était le désespoir. Arrivés à Marseille, une voiture nous attendait pour Dijon où, devant un parterre de militaires, un hommage lui fut rendu. Je n'oublierai jamais cet instant où la sonnerie aux morts s'est élevée.

Le lendemain, nous sommes immédiatement partis en direction de Chamonix, où toute la famille s'est retrouvée pour les funérailles de Jean. Il allait avoir vingt-quatre ans. Il a été enterré, sous la neige, un 24 décembre, escorté par un long cortège d'amis, de guides et de personnalités militaires.

J'avais quatorze ans et jamais plus ce ne serait comme avant.

Mon frère Jean, jeune homme.

Mon frère, Jean, en compagnie de Frison. Une si belle complicité régnait entre eux. Ici, à Chamonix, devant la brasserie de la Poste en 1941.

Le baou de Saint-Jeannet
1955

En 1955, mes parents et moi-même avions quitté Alger pour Nice, où nous avions un appartement, avenue de la Libération ; ville refuge pour nous trois après tous les drames de l'année précédente, mon accident de montagne, la mort de mon frère et le début de la guerre d'Algérie. Mon père a quitté l'Algérie sans grand regret. Il a adoré le temps passé en Afrique du Nord. Il était ainsi proche de sa passion pour le désert et y a passé de très bons moments. Mais, en cette période compliquée de guerre et d'attentats permanents, Papa se sentait bridé en tant que journaliste, privé d'une certaine liberté d'action. Il ne pouvait plus faire ce qu'il souhaitait faire. Par ailleurs, il se sentait politiquement peu à l'aise avec les événements qui avaient cours à cette époque-là en Algérie. Ainsi, c'est sans regret qu'il quitta l'Algérie.

En ce qui me concerne, j'étais rentrée en seconde au lycée du Parc impérial, situé sur une colline de Nice. C'était très dur pour moi qui avais laissé le pays où j'étais née et tous mes amis. Ceci explique la relation très forte que j'ai eue avec mon père, lui-même très désorienté. Il a d'ailleurs souffert du syndrome de la page blanche pendant près d'un an.

Heureusement, il y avait le Club alpin de Nice, qui nous accueillit et permit de rencontrer des compagnons d'escalade, tels que Melchior ou Cabri. À vingt kilomètres de Nice, en remontant vers le nord en longeant la rive droite du Var, se trouve un petit village perché sous un *baou*, un immense promontoire calcaire de 200 mètres de haut dominant la vallée et d'où, par beau temps, on pouvait apercevoir le contour de la Corse. Le village très ensoleillé donnait un raisin blanc très tardif et sucré jusqu'en décembre. La falaise était notre terrain de jeu. Il y en avait pour tous les goûts, du facile à droite avec de petits ressauts jusqu'aux grandes parois surplombantes à gauche pour les meilleurs. Mon père, à quarante-neuf ans, était en bonne forme pour les courses moyennes de montagne, et j'étais en second, déjà une bonne grimpeuse. Ces escalades m'ont bien préparée pour les futures courses dans le Mercantour, très peu fréquenté à l'époque. Il n'y avait pas de refuge et l'on dormait dans des granges. Il faisait froid la nuit, mais cela valait la peine, avec une belle course d'escalade. J'ai pu faire ainsi, avec lui, la Cogourde, les arêtes de Saint - Robert et bien d'autres. Souvenirs merveilleux.

Vacances à Chamonix
1956

Rentrés d'Algérie en 1954, mes parents s'étaient donc installés à Nice avec moi. Durant l'été, mon père avait loué à Chamonix un petit chalet au Clos des Érables, pour deux mois. Mes parents adoraient retourner à Chamonix dès qu'ils le pouvaient.

Nous étions très nombreux dans ce chalet, mes parents ayant invité trois jeunes de mon âge, de la belle famille de ma sœur : Frédérique, Philippe et Jean, auxquels s'ajoutaient ma sœur, ses deux petits enfants et encore notre chère Marie, notre employée de maison revenue d'Algérie avec nous. Maman avait invité ces jeunes pour les sortir un peu de l'ambiance révolutionnaire de la guerre d'Algérie. Pendant leur séjour, j'ai noué avec eux des liens très forts qui durent encore.

Ils ne connaissaient pas la montagne, et mon père, en bon guide, leur a fait découvrir beaucoup de belles randonnées. En effet, Papa aimait se retrouver au milieu de jeunes et leur apprendre ce qu'était la montagne. Ces amis pieds-noirs, très enthousiastes, le suivaient avec joie.

Mon père prenait cette « mission » très à cœur. Au-delà des sorties en montagne, il voulait surtout les sortir de la guerre, de l'activisme et tout ce qui se passait de grave en Algérie. Son instinct de guide était présent et il savait motiver les personnes qui l'accompagnaient. Il les poussait à avancer, à trouver le bon chemin et à garder un pas sûr. Mais il y avait également ici une bienveillance liée à sa personnalité. Il sentait qu'une belle ascension, en pleine montagne leur permettrait de s'évader des soucis présents en Algérie.

Une grande randonnée m'a laissé un souvenir magnifique. Nous étions partis le matin très tôt pour la Suisse et le barrage de Barberine, où se trouve un petit refuge au bord du lac. La vallée d'approche a été noyée depuis avec le barrage d'Émosson, mais celle-ci était encore occupée par les troupeaux de vaches. Par temps de sécheresse, de nos jours, on peut encore apercevoir la limite de l'ancien barrage.

La soirée fut très animée au refuge, autour d'une excellente fondue. Gérard et ma sœur faisaient partie de la caravane. Papa adorait ces ambiances de soirées en refuge de montagne. Très fréquemment, il en profitait pour chanter une bonne partie de la soirée. Il connaissait un nombre incalculable de chants savoyards et, que ce soit en refuge ou ailleurs, il aimait entonner ces beaux chants de montagne avec ses amis guides.

Nous étions les seuls à occuper les lieux, le coin étant assez sauvage. Le réveil sonna à 5 heures du matin, mais le départ se fit seulement une heure plus tard,

Mes parents, aux Mouilles, à Chamonix. Ici en 1950.

après un solide petit déjeuner, tout le monde en forme. Heureusement personne ne se doutait du tour que nous allions faire. Nous n'avons pas pu contourner le lac par le fond de la *ria*[1]. alors nous sommes montés dans un cirque très sauvage, au col de Tenneverge; c'est une montée caillouteuse, sans aucun sentier et, parfois, avec des névés à traverser, chose périlleuse pour des non-initiés. Arrivés enfin au col, Papa a changé son itinéraire, car nous étions trop nombreux pour envisager de suivre les arêtes, il y avait un couloir très raide où il pouvait y avoir des chutes de pierre. Et c'est là que les ennuis ont commencé. Nous avons été obligés de redescendre de 500 mètres avant de pouvoir traverser sur un éperon herbu sans danger. Nous n'étions qu'au tiers de la rando, mais personne ne s'en doutait. Le moral commençait à faiblir et le souffle à manquer, mais nous avons regagné de l'altitude afin d'arriver au lac du vieil Émosson.

Papa, dans la cinquantaine, s'amusait beaucoup de voir tous ces jeunes qui n'en pouvaient plus et qui s'accrochaient tout de même. À nos questions, Papa nous répondait comme à des petits enfants : « On y est bientôt. » Mais, derrière chaque crête, il y en avait toujours une autre. Sur le même rythme, nous avons dû passer le col du Vieux à 2 500 mètres et redescendre par la vallée immense et sans fin de Tré-les-Eaux.

1. Une *ria* (terme espagnol, galicien et portugais) est une baie étroite, allongée et relativement profonde, formée par la partie inférieure de la vallée d'un fleuve ou d'une rivière envahie, en partie ou en totalité, par un lac ou par la mer.

Mon père en montagne. Ici en 1952.

Ce jour-là nous avons marché quinze heures, ce qui est pas mal pour des néophytes ; aux yeux de mon père, ils avaient gagné leurs galons de montagnard.

Escalades père et fille
1957

L'Index

Durant l'été 1957, j'ai fait beaucoup de montagne avec mon père et, surtout, des escalades dans le massif du Mont-Blanc. Papa était encore un bon grimpeur et nous partions tous les deux en formant une cordée réversible. Je grimpais bien, à l'époque, et mon père me faisait confiance pour passer souvent en tête.

Je voudrais vous raconter l'histoire de l'Index, un petit sommet au-dessus de la Flégère que l'on aperçoit de la vallée de Chamonix. Escalade agréable, facile, vertigineuse, avec un grand rappel inévitable pour redescendre vers le col. Nous avons pris tout d'abord le téléphérique de la Flégère, puis le télécabine de l'Index, qui existait depuis peu. Ces petits œufs de toutes les couleurs n'existent plus, remplacés par un télésiège six places très rapide. Ensuite, nous nous sommes dirigés à grande allure vers le couloir qui mène à la terrasse de départ. Nous voilà partis avec le même enthousiasme, l'un grimpant en tête et l'autre suivant, souvent sans attendre l'assurance. À ce rythme nous nous sommes retrouvés au sommet de ce petit pic en moins de deux. Descente en rappel obligée et, arrivés au col, il était beaucoup trop tôt pour rentrer ; alors nous avons recommencé la boucle, une belle gymnastique, une deuxième fois, et, croyez-le ou pas, une troisième, enivrés par l'effort et la joie d'être dans cette montagne si pure et belle. Tel était l'état d'esprit de mon père. De nos jours, ce ne serait malheureusement plus possible, car les grimpeurs sont trop nombreux pour ce sommet facilement accessible et doivent sagement attendre leur tour pour grimper.

L'M

Quelques années plus tard, j'étais déjà mariée, Papa et moi sommes partis tous les deux pour la nord-est de l'M, située dans les aiguilles de Chamonix, bien visible de la vallée. La marche d'approche est longue, malgré la montée en téléphérique au Plan de l'Aiguille, car il faut traverser les moraines, les petits glaciers traîtres, bien durs le matin de bonne heure. Cette histoire est plus mélancolique, car c'est lors de cette ascension que mon père a arrêté l'escalade. Nous avons atteint le pied de la voie et tout a bien commencé, Papa en tête, bien sûr, et moi suivant aisément. Arrivés à la grande cheminée, point clé de l'escalade, Papa s'engage et se retrouve bloqué au milieu, épuisé par l'effort, incapable d'aller plus haut. Je n'en menais pas large sur la terrasse en dessous, voyant mon père en si grande difficulté. Il a pu, grâce à sa grande technique, redescendre doucement, moi l'assurant. Cet événement peu grave en soi eut des conséquences terribles pour mon père. D'un coup, il a ressenti le poids de son âge et a compris que les grandes courses étaient finies. J'ai saisi ce jour-là que mon père avait perdu une grande partie de sa vie et sa joie de vivre. Il n'en reparla jamais et garda en lui-même cette douleur d'avoir dû renoncer. Pourquoi ne plus grimper en second ? Cela lui aurait été facile, avec tous les guides plus jeunes qu'il fréquentait, mais mon père n'a jamais pu passer en second, pour lui, le charme se rompait.

Bien plus tard, très âgé mais encore en forme, on lui avait proposé de l'emmener sur ses propres traces dans un voyage au Sahara ; on l'aurait escorté partout, chouchouté, filmé, etc. Eh bien non, il avait refusé car, pour lui, le Sahara était une terre de l'aventure et il refusait de dépendre des autres.

Pour lui, la vieillesse a été très dure car, étant un homme d'action toujours en mouvement et porteur de projets, il s'ennuyait, et la mélancolie l'a accompagné dans ses dernières années. Ce fut assez difficile pour moi car mon père avait toujours eu un côté « fonceur », aventurier et passionné. Je l'avais toujours connu ainsi. Sur la fin de sa vie, ce fût d'autant plus compliqué que, vu son grand âge, il avait du mal à tenir tous les engagements qu'il avait pris, parfois sur un coup de tête. Il avait du mal à dire « non » et c'est d'ailleurs ainsi que, dans les dernières années de sa vie, plusieurs personnes ont parfois essayé d'abuser de cette faiblesse ou de ce trait de caractère. J'ai à cette époque pris le temps de m'occuper de ses affaires.

Il n'avait de toute façon jamais été un gestionnaire. Il avait toujours été dans l'action et le côté administratif le désintéressait profondément. La vieillesse fut donc globalement un moment difficile pour l'homme qu'il était. Mon mari et moi-même étions près de lui et cela a adouci sa vie mais n'a pu combler le vide qu'il avait. Un vide de montagne et d'aventures. Tout cela, je l'ai ressenti bien qu'il ne se soit jamais plaint.

L'M, dans les aiguilles de Chamonix.

Le Cervin
4 septembre 1958

Au chalet, sur le manteau de la cheminée, il y a une belle photo noir et blanc prise par mon père au sommet du Cervin. On aperçoit, en profilé, la cordée qui nous a réunis au Cervin. Mon père le photographe nous tient dans sa ligne de mire : un bout de corde, voici Danièle, encore un bout, Martine, et enfin Georges, mon beau-frère ; derrière nous apparaît tout un aperçu des quatre mille suisses.

Tout a commencé très rapidement, Il fait beau, de ce beau temps froid et stable de septembre, idéal pour réaliser une course engagée. La voie normale du Cervin n'est pas très difficile, car on enchaîne très souvent l'escalade, sans s'assurer pour les bons grimpeurs, mais c'est une escalade très longue et épuisante car en haute altitude. Papa s'est renseigné au Bureau des guides sur les conditions bonnes *a priori*. C'est un peu un pari car notre cordée de quatre n'est pas courante, il fallait que Papa ait très confiance en nous.

Nous partons de Chamonix, direction Zermatt, déjà un lieu mythique pour le Cervin, un peu comme Chamonix pour le mont Blanc. Tout est nouveau pour nous, cette belle aventure commence par le petit train qui dessert Zermatt et qui nous dépose dans ce charmant village aux chalets bien fleuris. Nous prenons un téléphérique qui nous amène sur le plateau du Théodule, d'où nous allons entamer notre marche vers la cabane d'Hörnli, petit refuge blotti dans les premiers ressauts du Cervin. Soirée magnifique, beau coucher de soleil encourageant pour le lendemain. Tout de même un peu d'angoisse. J'ai en tête l'histoire tragique de la cordée conduite par Edward Whymper qui a bien vaincu le Cervin, mais dont quatre personnes ont perdu la vie dans la descente, parmi eux Michel Croz, un grand guide d'Argentières. Mais j'ai une confiance absolue en Papa. Cette confiance en lui ne venait pas uniquement du fait qu'il était mon père, sa personnalité entière inspirait confiance. De nombreux clients la ressentaient également quand ils partaient en montagne avec lui. J'ai toujours pensé qu'il avait un don, et qu'il savait, quoi qu'il arrive, nous emmener en lieu sûr. Sa force était aussi qu'il faisait beaucoup confiance

---

La fameuse photo avec la dédicace de mon père Frison en bas. On peut lire : « À Martine, son papa, si heureux de cette ascension familiale au Cervin. Le 5 septembre 1958. Affectueusement. Frison-Roche ».

Le Cervin

à Martine,
son papa,
si heureux de cette excursion familiale
au Cervin
le 5 Septembre 1958.
affectueusement

aux autres. Il nous faisait confiance. Il avait une grande capacité pour juger très rapidement des compétences de chacun. Alors, certes, il n'était pas toujours très diplomate pour dire les choses, mais avec lui, nous marchions les yeux bandés. Ma mère m'avait confié qu'en tant que femme de guide, elle n'avait jamais eu peur pour son mari ; elle aussi lui faisait entièrement confiance.

Départ très tôt le lendemain matin à un bon rythme, ce qui est toujours le cas avec mon père, car il faut toujours qu'il soit devant, quitte à passer devant d'autres cordées. Tout le monde a trouvé son souffle et nous enchaînons les ressauts ; je ne sais pas comment mon père trouve son chemin dans ce dédale de rocs, et c'est, il faut le dire, la très grande difficulté de cette voie normale, ne pas se perdre à la montée ou à la descente. Papa a un sens inné de l'itinéraire et nous arrivons au dernier ressaut un peu raide, qui nous amènera au sommet. Et là c'est la récompense, avoir réussi et contempler à 4478 mètres sur trois cent soixante degrés ce fantastique paysage. Ce fut un moment magique que l'on ne vit que rarement.

Derborence
1958

Depuis quelques années Papa cherchait un terrain pour faire construire son chalet. Vivant alors à Alger, ce n'était pas facile de trouver l'oiseau rare de si loin. Une fois rentré à Nice, en 1955, il put enfin s'y donner à fond. C'était son rêve de toujours et, enfin, la chance a tourné et il a pu acheter un terrain au Clos des Érables et faire construire le chalet où nous habitons toujours. Plus tard, il y aura le petit chalet en face, que j'ai habité longtemps, et le grand chalet de Danièle, à côté. Papa avait réussi à tous nous réunir autour de lui et Maman. Ce chalet de Derborence fut un eldorado pour Papa. Il y a vu grandir notamment ses petits-enfants. C'est avec bonheur qu'il y résida jusqu'à la fin de sa vie.

Alors, pourquoi l'avoir nommé Derborence ? Ce nom de notre chalet à Chamonix est inspiré par le roman célèbre éponyme du grand écrivain suisse Ramuz. Mon père aimait beaucoup son œuvre, qui raconte la vie en montagne, dans les alpages suisses, œuvre remplie d'histoires de paysans, de montagnards à la vie rude, de démons et de superstitions. On pourrait le comparer à notre Giono. Derborence est le nom d'un alpage qui a été enseveli sous un énorme éboulement des Diablerets, au début du vingtième siècle, laissant un chaos de rochers et un petit lac de retenue entouré de mélèzes où viennent boire les marmottes et les chamois.

Un jour, Papa nous avait emmenés découvrir ce lieu magnifique et austère. On y accède par une route très étroite sinuant à travers des gorges où il ne ferait pas bon se trouver par temps d'orage : éboulements assurés. On débouche soudain dans la lumière, au milieu du chaos, un peu écrasé par la grande falaise des Diablerets et une ambiance magique, loin du monde. Alors, les récits de Ramuz nous reviennent en tête et nous rêvons.

Par ailleurs, ce lieu de Derborence rappelait à mon père, telle une métaphore, son Beaufortain natal. En effet, Derborence a un point commun avec le lac de Roselend, situé dans le Beaufortain. Un lieu où se trouvaient de magnifiques alpages avant que l'eau du lac ne les engloutisse. Pour Derborence, le parallèle était le même, de beaux alpages ayant été ensevelis par les coulées de pierres.

Notre chalet est au pied du couloir du Brévent, avec les risques d'avalanches que cela comporte, ce petit clin d'œil nous rappelle qu'il faut faire confiance aux dieux de la montagne et se montrer humbles face à elle.

Le chalet Derborence en été. Ici dans les années soixante.

Derborence au cœur de l'hiver.

L'art d'être grand-père
1963

Papa avait quarante-sept ans lorsqu'il devint grand-père de son premier petit-enfant. C'était Sophie, sur laquelle il se pencha, ému, et qui allait plus tard l'accompagner souvent en montagne. Il était en grande forme et toujours rempli de projets.

Papa a eu huit petits-enfants et il les a tous initiés au ski avant que ceux-ci démarrent des cours de ski de niveau supérieur. Pour lui, c'était un vrai bonheur de les emmener à la découverte de la glisse. Papa était un bon skieur, il fut un des premiers moniteurs diplômés, mais il n'avait pas évolué dans la technique et skiait à l'ancienne, façon très efficace d'ailleurs, surtout pour le tout terrain, les chemins tortueux et les couloirs raides. Les petits-enfants qu'il emmenait arrivaient vite à se débrouiller. Ils adoraient partir avec leur grand-père, surtout que ce dernier faisait toujours terminer la séance par un chocolat chaud.

En 1963, je me souviens d'une vallée Blanche faite au printemps avec Papa, ma sœur Danièle et sa fille Sophie, qui avait douze ans. C'était une belle aventure pour elle et la découverte de la haute montagne avec la descente de l'arête de l'aiguille du Midi toujours impressionnante. Tous les quatre nous nous sommes encordés, Papa avait des crampons et portait les skis de Sophie. Pour nous, il y avait heureusement une corde tendue pour nous agripper, car la trace était étroite et raide, avec vue sur la vallée de Chamonix dans l'à-pic de gauche, et la grande pente de neige très raide côté glacier.

Descente magnifique dans une belle neige de printemps à peine dégelée et facile à skier. Après le passage des séracs bien enneigés, petit casse-croûte sur le plateau, mais nous avons interdiction de Papa de déchausser les skis. Cet endroit est rempli de longues crevasses à peu près invisibles à l'œil mais extrêmement profondes et dangereuses. Combien s'y sont laissés prendre.

À cette époque, on terminait la vallée Blanche en sortant rive droite du glacier par le Chapeau, après avoir passé un ressaut sur la moraine. La Mer de Glace était encore très haute et permettait cet accès facile. Pour ceux qui connaissent le coin, il y a maintenant une énorme moraine infranchissable, car le glacier a terriblement diminué avec le changement climatique. Le Chapeau est une petite buvette, située un peu plus bas et dominant la vallée de Chamonix. Nous terminions notre descente dans la forêt pour arriver au village du Lavancher. Fin de la balade. Il ne nous restait plus qu'à attendre dans le bistrot de service un taxi qui devait nous ramener à Chamonix.

La descendance Frison-Roche n'est pas près de s'éteindre. Papa a donc eu huit petits-enfants et vingt-quatre arrière-petits-enfants. Malheureusement, avec la disparition de mon frère Jean, le nom Frison-Roche s'est définitivement éteint pour notre branche familiale.

Mon père Frison pour son quatre-vingt-troisième anniversaire, entouré de certains de ses petits et arrière-petits-enfants.

J'aime le regard « coquin » de mon père sur cette photo, entouré de deux arrière-petits-enfants.

L'art d'être grand-père.

Le mont Maudit
Été 1968

Il est trois heures du matin, c'est l'heure de se lever. Papa, Gérard mon mari, et moi-même avons passé la nuit dans la cabane observatoire des cosmiques, à 3613 mètres d'altitude, où il n'y a que le gardien qui occupe les lieux. C'est un copain de Papa et il lui a fait cette faveur, car ce n'est pas un refuge. Inutile de vous dire que nous n'avons pas beaucoup dormi cette nuit-là.

Hier, en fin d'après-midi, nous avons pris la dernière benne de l'aiguille du Midi et, de là, avons descendu l'arête en crampons pour nous rendre à la cabane, située juste un peu au-dessus du col du Midi. Trois quarts d'heure de marche à peine.

Papa a l'intention de nous faire réaliser la traversée des trois mont Blanc, et il trouvait un peu juste le timing en prenant la première benne de l'aiguille, qui est à 8 h 30.

La soirée au refuge très sympathique, le gardien heureux de se trouver en compagnie, Papa, prévoyant, avait monté quatre beaux steaks que nous avons accompagnés de pâtes. Nous avons dormi sur les bas flancs tous ensemble et, maintenant, ce sont les derniers préparatifs après un petit déjeuner qui a du mal à passer.

Nous voilà partis, le ciel est magnifique, bleu nuit avec toutes les étoiles très brillantes à cette altitude. La course s'annonce bien. Mais pas une trace pour démarrer dans le premier mont Blanc du Tacul, qui a de gros séracs menaçants. Pour une fois, je vois mon père errer un peu pour trouver le départ, nous perdons bien déjà une heure sur notre horaire. Enfin, Papa trouve sa voie et nous enchaînons d'un bon pas. Arrivés au pied de la face du Maudit, Papa décide de faire carrément le sommet au passage. La neige est bonne, on cramponne assez facilement. Nous voilà à 4500 mètres, le souffle un peu court, et, pour descendre vers le col du Maudit, nous devons prendre une pente verglacée; les difficultés commencent, nous perdons pas mal de temps. Arrivés au col, une bonne pause pour se remettre, avec du thé chaud et des barres énergétiques. Regardant l'heure, Papa se rend compte qu'il est bien trop tard pour faire le sommet du mont Blanc lui-même; à cette altitude, on marche beaucoup plus lentement. Il décide alors non pas de faire demi-tour, pas question, mais de changer d'itinéraire et de rentrer par la combe Maudite. Pour les non-initiés, c'est la combe du diable avec un chaos inextricable de gros séracs, de ponts de neige et une voie jamais fréquentée, beaucoup trop dangereuse.

Mais c'est parti, nous suivons notre guide, qui a tout de même un sens inné de la topographie. Gérard et moi, très confiants, suivons Papa et ce sont des sauts effrayants au-dessus de crevasses béantes. Je n'ai pas le souvenir d'avoir eu peur, nous nous étions engagés, il fallait toujours aller de l'avant, impossible de retourner en arrière. Mon père avait un sens aigu du terrain, des crevasses et des difficultés, mais il nous faisait confiance, ce n'était pas une tête brûlée, il ne prenait jamais de risques inconsidérés, surtout au niveau du temps. Il se méfiait énormément des gros temps et de la rapidité avec laquelle la météo peut changer et devenir très menaçante en montagne.

Les cieux ont été cléments avec nous, car nous avons pu sortir de ce labyrinthe et atteindre, entiers, le refuge des Grands Mulets, halte très fréquentée par les alpinistes sur le chemin du mont Blanc. Le retour jusqu'au plan de l'Aiguille nous a paru une promenade de santé.

Rencontre inattendue au refuge Albert 1er 1976

Un ancien ami du Maroc, Étienne, était venu passer quelques jours de vacances à Chamonix avec sa famille. Il rêvait de faire une course en montagne avec Gérard et moi-même. Ma fille Nathalie s'est jointe à nous. Papa, toujours disposé à partir en montagne, proposa de nous emmener à l'aiguille du Tour, une belle course facile avec, en prime, une soirée en refuge.

Nous voilà tous les cinq sur le sentier escarpé d'Albert 1er, après être partis de Charamillon. Ce sentier longe la moraine du glacier du Tour et la vue est somptueuse sur les séracs. Ce refuge est très fréquenté, car accessible pour les néophytes de la montagne, pas de traversée de glacier, simplement des à-pics impressionnants le long du parcours. Papa a soixante-dix ans, il est encore très en forme et nous mène d'un pas serein de guide.

Le beau temps est avec nous et nous avons de la chance. Nous atteignons le refuge vers les 6 heures du soir. Il y a une petite salle à l'entrée, où l'on doit déposer ses chaussures, son piolet et ses crampons, car aucun matériel n'est admis dans le dortoir que l'on nous désigne. Tout cela est nouveau pour notre ami et on lui montre comment choisir une paire de sabots en caoutchouc. Chacun installe ses affaires pour la nuit, car on n'aura que les lampes frontales pour s'éclairer tout à l'heure. Nous voilà réunis dans la salle commune, très sympathique, autour d'une table où nous attend le thé de l'accueil. Papa a déjà rencontré le gardien et discuté avec lui des conditions du glacier.

À une autre table le gardien nous montre Haroun Tazief, le grand vulcanologue. Que peut-il bien faire ici ? Papa le connaît, bien sûr, ils se sont rencontrés lors de tournées de conférences. Eh bien, il est installé au refuge pour huit jours car il fait une adaptation à l'altitude, et 2700 mètres est une altitude excellente pour s'entraîner. Il discute avec Papa et lui explique son projet. Il prépare une expédition au mont Erebus, situé en Antarctique sur l'île de Ross, qui culmine à 3794 mètres. C'est un homme étonnant et nous l'écoutons avec plaisir nous raconter tous ses souvenirs sur son exploration des volcans. C'est un homme également très courageux et très sympathique. Il faut préciser qu'à cette époque-là mon père avait noué des relations avec d'autres auteurs ou aventuriers dans le cadre des tournées de conférences. C'était le cas avec Haroun Tazief. Il y avait un grand respect entre eux. Pour Papa, cela était d'autant plus agréable que, depuis des années, il entretenait des relations particulières avec les milieux littéraires parisiens, qui le snobaient quelque peu, le considérant uniquement comme un « écrivain de la montagne », certes populaire, mais qui ne méritait pas les honneurs de la grande littérature parisienne. À ce titre, il n'avait que très peu de relations avec les grands auteurs de son époque. Seul Troyat[1] faisait figure d'exception. Papa connaissait sa femme d'avant-guerre, celle-ci habitait alors Sallanches. Lors de son remariage avec Henri Troyat, ils s'étaient revus et, très vite, une véritable amitié et un grand respect mutuel étaient nés entre eux deux. Je me rappelle que, chaque année, et à chaque nouvelle parution, Henri Troyat envoyait son dernier livre à l'attention de mon père, avec une grande dédicace, chaleureuse et personnalisée. Celui-ci se plongeait immédiatement avec bonheur dans la lecture de ce nouvel ouvrage. En plus de Troyat, je dois aussi citer Philippe Claudel, plus jeune écrivain mais non des moindres. Claudel fut le seul à reconnaître mon père comme un écrivain à part entière. C'est avec une grande élégance que ce dernier écrivit que Frison-Roche était à tort considéré comme un écrivain régional par le cénacle parisien, car son univers littéraire était très proche de celui des grands écrivains de l'Ouest américain et de leurs sagas passionnantes. Papa a souffert toute sa vie de ce manque de reconnaissance de la part des milieux littéraires parisiens (pourtant considéré par

1. Henri Troyat, né à Moscou, le 1er novembre 1911, et mort à Paris, le 2 mars 2007, est un écrivain français d'origine arménienne de Russie. Il reçoit le prix Goncourt pour *l'Araigne,* en 1938, et est élu à l'Académie française, en 1959.

le Figaro comme un outsider pour le prix Goncourt en 1942 pour *Premier de cordée*) et regretta de n'être « que » l'écrivain de la montagne. Je pense aujourd'hui que le côté populaire de ses livres avait tendance à déranger.

Mais, pour en revenir à notre histoire, cette soirée en compagnie d'Haoun Tazieff fut donc passionnante et passa très vite.

Après le dîner, nous allons sagement regagner nos couchettes et laissons les deux hommes en tête à tête se rappeler leurs souvenirs autour d'un verre de gnôle.

Lever à quatre heures du matin, on est bien raides. Étienne n'a pas dormi, trop excité par le lendemain. Petit déjeuner pour bien se réveiller, il fait nuit quand nous partons à la lueur de la frontale dans la moraine. Lorsque l'on atteint le glacier, chacun met ses crampons et la caravane s'étire, nous sommes tous attachés à la même corde. La montée est belle au milieu de ce champ glaciaire. Bientôt, ce sera l'éblouissement du lever du soleil qui viendra nous réchauffer. Nous prenons la direction du col supérieur du Tour, qui va nous mener rapidement à la rimaye du départ rocheux. Cette course est vraiment parfaite, car elle est variée, et cette escalade finale vient compléter le tableau. La vue du sommet de l'aiguille du Tour est vaste et Papa nous énumère tous les sommets environnants. C'est vraiment un moment de bonheur. Je suis heureuse que notre ami ait pu nous accompagner et connaître ces instants uniques avant de redescendre dans la vallée.

Les repas conviviaux tels que mon père les adorait.

Le tapis tunisien 1980

En 1980, mes parents m'ont demandé de les accompagner dans un voyage en Tunisie. Pour moi, cela a été une grande joie, c'est le dernier voyage fait avec Maman avant qu'elle commence une longue maladie.

J'étais heureuse de cette destination, car je ne connaissais jusqu'à présent que l'Algérie et le Maroc. Papa nous a organisé un itinéraire touristique classique.

Arrivés en avion à l'aéroport de Tunis, j'ai pris la voiture que nous avions réservée et vogue la galère, car la circulation dans ces pays n'est pas aisée. J'étais émue de me retrouver en Afrique du Nord, avec les odeurs, la chaleur, le bruit, les jardins fleuris, nous étions en mai. Nous avons commencé par la côte nord avec le site magnifique des ruines romaines de Carthage, puis Nabeul ville située au nord-est de Tunis, avec ses plages magnifiques, son marché indigène très riche et odorant, et ses belles poteries. En descendant vers Sousse, nous avons bifurqué vers Kairouan, un peu à l'est. C'est là que nous est arrivée une aventure assez drôle ; nous étions sur la grande ligne droite bordée d'eucalyptus, dix kilomètres avant Kairouan, lorsque nous avons vu, au bord de la route, une petite camionnette en panne, son chauffeur faisant du stop. Je me suis arrêtée pour voir si je pouvais l'aider. Oui, l'emmener avec son pneu jusqu'à la ville. À l'arrivée à Kairouan, impossible de s'en débarrasser, il voulait nous offrir le thé à la menthe, difficile de refuser. Nous avons atterri chez un grand marchand de tapis et, après le thé, Maman a craqué devant un magnifique tapis dans les bleus. Bien sûr, nous ont-ils dit, pas de souci pour la douane, nous avons l'habitude, nous vous l'expédierons à Nice, où habitaient mes parents. Nous voilà repartis dans notre visite de la ville et, là, j'ai senti qu'il se passait quelque chose d'émouvant, mes parents se retrouvaient sur les lieux mêmes de leur voyage de noces, en 1930. J'ai deux photos qui en témoignent, la première avec Papa en culottes golf et béret, dégingandé, la seconde avec ma petite Maman en robe courte, chaussures à bride et chapeau cloche, tous deux posant devant les murailles de la ville.

Nous avons continué notre périple, Sousse, Sfax, Gabès et, en dernier, lieu la fameuse île de Djerba. Dans cette dernière, nous étions à peu près seuls et avons passé un temps délicieux, avant de reprendre notre avion pour la France.

Mais l'histoire ne s'arrête pas là. Au bous de six mois, toujours pas de tapis, mes parents en avaient pris leur parti. J'habitais Paris à cette époque et je rencontre un couple ami de ma fille Nathalie, qui rentrait d'un voyage en Tunisie ; et les voilà qui me racontent la même histoire que nous avions vécue, pigeonnés et emmenés chez le marchand de tapis, mais, là-bas, ô surprise, ils avaient vu un tapis roulé prêt à partir avec le nom de Frison-Roche sur l'étiquette. Effectivement, un jour le tapis est bien arrivé mais il a fallu payer les droits de douane. Ce tapis vit sa vie maintenant en Bretagne, dans la maison de Nathalie, il va très bien…

Frison au volant

Papa avait un petit ange gardien lorsqu'il était au volant. J'espère que, là où il est, il ne m'en voudra pas si je raconte quelques-unes de ses aventures rocambolesques.

Déjà, lorsque j'étais petite fille, à Alger, il avait réussi quelques exploits. Ayant toujours eu le sens de la compétition, il se prenait pour un champion de formule 1.

Ceux qui montaient avec lui s'en souviennent encore. Il y a eu cette fois, lors de la traversée de la grande Kabylie, où il a loupé un virage avec sa jeep et atterri, après plusieurs tonneaux, dans un lavoir. Cette fois-ci, il s'en est sorti avec plusieurs côtes cassées et dut être hospitalisé.

À Nice, pour les fêtes de Noël, il remontait avec Maman la vallée longeant le Var dans les Alpes maritimes, la voiture était bourrée de cadeaux de Noël, car nous allions nous retrouver à Chamonix, au chalet récemment construit. La route verglacée n'a pas découragé mon père, qui roulait assez vite. La voiture est partie en feuille morte et a sauté dans le Var. Par chance, à cette époque, le débit du fleuve est très bas. Maman s'est retrouvée sur un petit îlot et a pu sortir de la voiture, complètement trempée, avec un manteau de fourrure pesant une tonne qu'elle n'a jamais voulu lâcher. Cet accident avait eu des spectateurs qui leur étaient venus en aide. Leur retour à Nice s'est fait avec les dépanneurs et quelques contusions, heureusement sans gravité, ont été la seule conséquence de leur accident.

Je ne compte pas les démêlés avec la maréchaussée, soit pour excès de vitesse, soit pour dépassement dangereux. Eh bien Papa n'a jamais eu de retrait de permis ou de contravention, au grand dam de Maman, qui aurait bien aimé le voir sanctionné, car elle avait eu très peur. Dès que Papa montrait ses papiers, le nom faisait tilt et les gendarmes, radoucis, lui faisaient un petit sermon, le laissant partir à chaque fois.

Un été, nous étions allés faire le Grand Combin, un sommet suisse très prisé de 4300 mètres situé dans le massif valaisan. Deux bonnes heures de route pour atteindre le départ, route sinueuse et, parfois, très étroite. À l'aller, pas de problème, nous arrivons intacts pour la montée au refuge. Le lendemain, beau temps et bonnes conditions de neige pour cramponner dans la partie très raide de la montée. Nous sommes deux cordées à marcher ensemble, comme aime le faire mon père pour les sommets lointains. Ici, un guide ami et son client, Papa et moi. Lors de ces belles courses, il y a toujours des points sensibles où il faut passer, ici c'était, à la descente, passer sous une barre de séracs assez longue et pas confortable. On ne traîne pas, dans ces cas-là. Tout va bien, nous arrivons aux voitures, heureux de cette belle journée. Chacun reprend la sienne et, sur le chemin du retour,

Papa, roulant trop vite encore une fois, fait une sortie de route qui s'est terminée dans un pré très pentu, situé entre deux ravins. Nous l'avions échappé belle. L'émotion était forte, et le retour à Chamonix s'est fait très calmement, une fois que nous avons pu rejoindre la route.

Mon oncle René Landot et sa femme Hélène ne conduisant pas, Papa était toujours volontaire pour les accompagner dans leurs déplacements. Une fois, lors d'un petit voyage à Bonneville, alors qu'ils étaient sur l'autoroute avant la sortie, Papa s'aperçoit qu'il va la manquer, alors, d'un coup de volant, il braque violemment et se retrouve sur la boucle de sortie, où il part en tonneau, entraîné par la vitesse excessive et, miracle, la voiture retombe sur ses quatre roues. Mon oncle et ma tante, très flegmatiques, ont encaissé le choc et le voyage a continué comme si de rien n'était. Ils remonteront en voiture avec lui sans soucis. Personnellement, dès que j'ai pu m'affirmer, j'ai toujours refusé de monter en voiture avec Papa, sauf s'il me laissait le volant, et c'est ce qu'il faisait. Maman a toujours continué à rester à côté de lui, mourant de peur à chaque fois, surtout quand il jouait à saute-mouton sur les petites routes de montagne ou de campagne. Il avait oublié que les temps avaient changé où l'on se retrouvait seuls sur les routes et où il y avait très peu de circulation. Sur ses huit petits-enfants, il n'y en avait plus un seul pour monter avec lui. Par contre, lorsqu'il a eu quatre-vingt-sept ans et qu'il devenait vraiment un danger public, la mort dans l'âme, je lui ai demandé d'arrêter de conduire. Il a été formidable et m'a tendu les clés de sa voiture sans broncher ; c'était un très grand sacrifice pour lui, car cela touchait à sa liberté, à laquelle il tenait tant. Après cela, il s'est débrouillé pour garder son indépendance, prenant le bus et se faisant ramener par les copains.

En haut, en Algérie, avec mon frère Jean.
En bas, toujours en Algérie, avec la Ford Vedette décapotable que mon père aimait tant.

Dans les Alpes, ma sœur Danielle et moi.

La transmexicaine
juin 1986

1986 fut une année douloureuse, Danièle, ma sœur, nous avait quittés en février après une longue maladie. Nous avions tous du mal à nous remettre de ce deuil. J'habitais avec ma famille à Boulogne-Billancourt et mes parents se partageaient entre Nice et Chamonix. C'était leur deuxième enfant qu'ils perdaient et, désormais, tout reposait sur moi.

Un jour, je reçois un coup de fil de Papa, qui me dit pourrais-tu m'accompagner dans un voyage de trois semaines au Mexique organisé par le Club Méditerranée, j'ai pris deux billets et ta mère ne peut pas venir. Quelle émotion, le Mexique était pour moi une terre *incognita* et fabuleuse, mais ce n'était pas si facile, un mari et trois enfants à la maison, heureusement déjà de grands ados, Nathalie était déjà partie de la maison. Mais c'était tellement tentant, je n'avais jamais pu faire un beau voyage avec mon père et c'était une belle occasion. J'organise alors la maison, fais la liste des repas et charge ma plus jeune fille, Marie, quinze ans, de faire la cuisine pour tout le monde. Je lui fais un carnet de recettes faciles à réaliser et les courses pourront se faire une fois par semaine. Tous me donnent le feu vert pour ce beau voyage.

Nous voilà partis, nous partagerons la même chambre. Notre groupe francophone se compose de douze personnes qui seront réparties dans deux 4x4 et d'un guide parlant français. Il y avait des Belges, des Suisses et des Canadiens français.

Première étape après un long vol, Cancún, où nous avons été accueillis par une chaleur accablante. Petits bungalows particuliers agréables, et l'ambiance du Club Med que nous allons bien vite abandonner pour notre long périple. Premier achat, un vrai « panama » pour nous abriter un peu de ce soleil meurtrier. Tout de suite, c'est la jungle oppressante du Yucatan et, tout près de Cancún, nous visitons un site dominant la mer : Tulum, petit bijou de temple maya serti dans un écrin de verdure avec, en fond, le bleu profond de l'océan. C'est un bon départ. Il fait une chaleur tropicale humide et difficile à supporter pour nous Européens, mais les 4x4 nous attendent et nous nous enfonçons dans la jungle pour atteindre notre première vraie escale : la villa archéologique qui tient lieu d'hôtel très confortable isolé en pleine jungle. Le personnel, très stylé, nous accueille avec un cocktail de fruits délicieux et bienvenu. Superbe étape, les chambres situées au rez-de-chaussée ont de grandes baies scellées. En effet, on se sent un peu comme dans un aquarium et des tas de bêtes défilent devant nous, c'est assez impressionnant ; pour ma part, j'ai vu passer un énorme serpent que je n'aurais pas aimé rencontrer sur mon chemin. Ceci était une mise en bouche, car nous allons visiter aujourd'hui le site grandiose de Palenque, ruines célèbres d'une cité état maya située en bordure de jungle au pied du Chiapas.

Papa est heureux mais reste souvent dans le 4x4 pendant les visites des sites archéologiques. Il a quatre-vingts ans et, malgré sa vigueur, il ressent la fatigue aggravée par le climat. Il me laisse donc libre de grimper sur les temples, les pyramides, etc., c'est assez vertigineux. Durant ce voyage, mon père s'est laissé porter, je dirais presque qu'il s'est laissé partir. Pour la première fois de sa vie, il vit un voyage « en touriste » et non en aventurier. Il était déjà très âgé. Je l'ai senti intéressé mais assez passif, ce qui ne lui ressemblait absolument pas. Il n'était pas indifférent, il était même heureux de faire ce voyage avec moi, mais ce côté contemplatif qu'il avait toujours un peu eu prenait très clairement le dessus sur son penchant aventureux.

Nous avons enchaîné par la montagne et la traversée du Chiapas, région toujours sensible à la révolution, visitons San Cristobal de las Casas, la grande ville du coin. Puis ce sera le site grandiose de Teotihuacan tout près de Mexico, avec ses grandes pyramides méso-américaines précolombiennes.

Nous quittons ce grand plateau désertique bordé de plantes telles que le yucca, pour atteindre la mégalopole de Mexico, neuf millions d'habitants, l'une des villes les plus polluées du monde située à 2250 mètres d'altitude. Nous n'allons pas y rester longtemps. Ce sont les conquistadors qui ont édifié la cathédrale, « penchée » depuis suite à plusieurs tremblements de terre. D'ailleurs, la grande place devant la cathédrale est réellement en biais. Nous avons pu visiter le Palais national et les fameux jardins flottants de Xochimilco, ces derniers très reposants.

Le volcan Popocatepelt est tout près de Mexico et nous l'avons traversé par un tout petit tunnel très angoissant ; j'imaginais un tremblement de terre et nous, enterrés sous ce volcan au nom magique.

La dernière partie du voyage était plus reposante, nous sommes descendus jusqu'aux rives de l'océan Pacifique par une route très escarpée et variée, au son des maracas et des flûtes que nous diffusait la radio. Arrivée sur une plage de carte postale, avec du beau sable blanc et une anse bien abritée pour se baigner. Le paradis, ou presque, parce ce que ce bel endroit était infesté de requins.

Le retour se fera en avion sur Mexico puis sur Paris. Notre tête est pleine de souvenirs, d'histoires sur le peuple Maya, ce peuple si évolué et également si cruel avec ses esclaves et ses sacrifices humains.

Agua Azul au Mexique.

Lorraine
1987

Si je vous dis Lorraine, vous pensez à notre jolie province française, mais je vous parle d'une autre ville au Canada dénommée Lorraine, jumelée avec la précédente. Mon père avait été contacté pour faire partir d'un voyage culturel vers cette ville au mois de juin. Nous étions en 1987 et il avait quatre-vingt-un ans. Il m'avait demandé de venir avec lui et j'ai pu me libérer pour l'accompagner. Il y avait de nombreuses personnalités. Je me souviens surtout de Jean Vuarnet[1], le champion de ski, et de son fils, qui malheureusement avaient fait la une des journaux, car Édith, sa femme, et son plus jeune fils avaient fait partie du massacre de la secte du Temple solaire. Mon père et moi-même avons passé beaucoup de temps

1. Jean Vuarnet, né en Italie le 18 janvier 1933, est un skieur français, champion olympique de descente à Squaw Valley en 1960. Il est mondialement connu pour avoir également inventé la position de vitesse dite « de l'œuf ». Il donna son nom à une célèbre marque de lunettes. Enfin, il est, après sa carrière sportive, le créateur de la station de ski d'Avoriaz, dans les Alpes.

avec eux durant ce voyage, nous retrouvant en pays de connaissance.

Lorraine a été créée de toute pièce en 1960, dans un site magnifique de parcs, à quarante-cinq kilomètres au nord de Montréal, dans les basses Laurentides. Elle est sise sur un vaste coteau surplombant la rivière des Mille Îles, possède de nombreux théâtres, stades de sport, salles de conférences, etc. Le but de ce voyage était que chaque personnalité puisse donner une mini conférence sur sa vie et son parcours. Il y avait des sportifs, des écrivains, des artistes peintres et sculpteurs. Tout cela en vue de promouvoir cette petite ville inconnue de beaucoup. Je ne crois pas que mon père ait particulièrement aimé cet exercice qu'était la conférence tout au long de sa vie. Mais il y voyait un intérêt : ces conférences lui permettaient de voyager et permettaient la réalisation de nouvelles aventures.

Après un vol direct vers l'aéroport de Montréal, nous nous sommes installés dans le magnifique hôtel circulaire où nous allions loger, notre point fixe d'où nous allions aller chaque jour vers Lorraine pour assister aux divers événements. Les organisateurs, très gentiment, vu l'âge de mon père, nous avaient loué une petite voiture personnelle qui nous permettait de visiter un peu le Québec. En effet, Papa, après sa prestation, avait été libéré de ses obligations et nous étions en vacances tous les deux. Pour moi une première, ne connaissant pas le Canada. Nous avons pu donc aller à Montréal visiter cette immense ville passionnante située sur l'île de Montréal et le Saint-Laurent, avec ses galeries souterraines, le parc de Mont-Royal dominant la ville, le port où nous avons pu déguster de belles langoustes… Notre seconde visite fut pour Québec, cette ville totalement francophone et pourtant dont le français est très difficile à comprendre. Le château Frontenac, sur la colline dominant le Saint-Laurent et le vieux Québec en dessous. Nous avons pu nous promener dans les collines des Laurentides, admirer tous leurs nombreux lacs et leurs immenses forêts d'épinettes. Il y avait même une petite station de ski avec un téléski. Le temps a été continuellement à la pluie, mais nous nous sommes équipés de cirés et de bottes, et cela avait un certain charme. Nous avons terminé par la capitale, Ottawa, dans la province de l'Ontario, à proximité de la frontière des États-Unis. C'est une ville superbe et j'ai regretté de ne pas la visiter en hiver, car la rivière des Outaouais qui la traverse est un terrain de jeu magnifique pour le patinage.

La semaine était passée, il y avait un peu de nostalgie dans l'air en quittant nos amis canadiens si charmants, et pourtant restait en nous l'espoir de revenir en hiver et de découvrir ce pays sous un autre aspect, plus rude et plus sauvage. Merci, amis canadiens, pour votre accueil si chaleureux. Ce voyage fut cependant le dernier pour mon père. Il a aimé bien sûr faire la promotion de cette ville, même si pour lui l'occasion était surtout de voyager une nouvelle fois au Canada…

Fête des guides à Chamonix le 15 août

La fête des guides était incontournable pour nous, les enfants, durant l'été, placée sous le signe de l'Assomption, fête de la Vierge Marie. En effet, les guides depuis longtemps avaient déposé une statue de la Vierge au sommet de nos montagnes, lui confiant leur vie. Cette piété se retrouvait donc lors de la journée de la fête des guides. Je voudrais vous raconter ma fête des guides, car celle-ci a bien changé, bien évolué depuis.

Depuis mes dix ans, j'y assistai tous les ans, suivant un programme très rempli. Les enfants des guides et leurs amis aidaient à leur façon en vendant des insignes commémoratifs de cette fête. Bien sûr, pendant plusieurs années, j'ai suivi cette tradition et j'étais très fière d'être fille de guide. Le bénéfice de la vente était pour la Caisse de secours des guides, créée en 1924 car, à cette époque, les guides n'avaient pas encore d'assurance sociale, et cette caisse était prévue pour aider les familles en détresse. Ne doutant de rien, on partait dans les hôtels avec nos petits paniers. Cela était souvent payant. On circulait toute la journée dans les rues, accostant les touristes, et cela se poursuivait jusqu'à la falaise des Gaillands, où se déroulait la démonstration d'escalade.

La grand-messe des guides, à 10 heures, dans l'église Saint-Michel, faisait salle comble, souvent prêchée par un évêque ou notre curé, et chantée par la chorale des guides. À l'époque, de nombreux guides étaient là, présents au milieu de tous les touristes pour représenter leur compagnie. De nos jours, la messe des guides est toujours là avec beaucoup de touristes, mais la présence des guides se fait plus rare.

À la sortie de la messe, sur le parvis de l'église Saint-Michel, il y avait la photographie traditionnelle de toute la Compagnie, avec l'appel de du nom de chacun. Il y avait aussi la distribution des Choucas[1] pour les clients assidus ayant fait de grandes courses avec leur guide. C'était une joyeuse foule qui entourait ces guides, chacun essayait de les approcher et de photographier les plus célèbres. C'était l'époque de Lachenal, Terray, Rebuffat, de mon père Frison-Roche et de bien d'autres. Là, il n'était plus l'écrivain, mais seulement le guide de montagne. Il y avait aussi ce moment très attendu de la bénédiction des cordes et piolets. À 15 heures, on se retrouvait tous sur le site des Gaillands pour suivre avec plaisir les évolutions des guides sur la falaise. Durant plusieurs années, mon père a commenté cette démonstration. Il était installé, debout sur le plateau d'une camionnette, avec un micro et s'en donnait à cœur joie.

---

1. Bel insigne triangulaire avec une impression de choucas.

Mon père au micro, à l'arrière d'un pick-up, dans les années soixante, en train de commenter la démonstration d'escalade au site des Gaillands, le 15 août, lors de la fête des guides.

Mon père, au micro, commentant la démonstration d'escalade durant la fête des guides. Il adorait cet exercice.

Le terre-plein était bondé de spectateurs assis dans l'herbe. Un jour, une averse est tombée et mon père a manqué se faire électrocuter. Pour lui, ce spectacle était courant et il prenait plaisir à commenter les évolutions de chacun avec beaucoup d'humour. Il y avait participé plus jeune, car cette falaise, c'étaient le guide Alfred Couttet et lui-même qui en avaient fait une école d'escalade. Il existe même une photo de lui faisant le clown sur cette même falaise. C'est d'ailleurs Alfred Couttet qui, à l'époque, demanda au conseil d'administration de la Compagnie de redonner de l'éclat à cette fête des guides. Les touristes venaient ainsi de loin pour cette fête bon enfant et étaient heureux de découvrir le travail du guide avec son client. Papa s'est toujours, toute sa vie, impliqué de manière très importante dans la vie et la défense de la Compagnie des guides de Chamonix. Il participait avec plaisir à cette fête des guides. Il y prenait sa part et prenait son rôle très à cœur. Que ce soit devant les médias ou devant les instances nationales, mon père n'a cessé de défendre les intérêts de la Compagnie et des guides de haute montagne de la vallée de Chamonix. Il a parfois pris des coups pour cela... Mon père a également présidé l'Union internationale des associations des guides de montagne.

La journée de ce 15 août se terminait traditionnellement par le bal des guides, qui se passait au casino bâti sur l'Arve. Salle magnifique de style Art déco des années trente. J'ai pu assister une fois, à quinze ans, à ce mythique bal des guides. Mon père avait retenu une table pour sa famille et ses amis. Pour la fameuse valse des guides, il y avait une tradition, la cliente invitait son guide et, suprême bonheur, j'ai invité mon père qui dansait merveilleusement la valse. La tête me tournait mais je ne voulais pas que cela s'arrête. À l'époque également, des stars de la musique étaient invitées pour animer la soirée. Johnny Halliday, dans sa jeunesse, fut d'ailleurs l'une d'elles. Il n'y a plus de salle des fêtes à Chamonix, le casino a malheureusement brûlé entièrement, on a maintenant une belle perspective sur l'Arve. Cette même année 1999 a vu le drame de l'incendie du tunnel du Mont-Blanc et l'avalanche meurtrière de Montroc. *Annus miserabilis.*

Tous les guides de la Compagnie se devaient d'être présents ce jour de 15 août, pas de course en montagne, une pose dans leur dur métier, mais, pour ceux qui partaient tout de même, il y avait des sanctions.

De nos jours, la fête s'étale sur cinq jours et chaque village célèbre cette fête des guides. En commençant par le Lavancher, puis les Houches, Argentière, Servoz et Chamonix, le dernier jour. Cette belle fête des guides perdure toujours, bien que sous une autre forme, et va culminer en 2021 pour célébrer les deux cents ans de la Compagnie des guides de Chamonix.

L' Union internationale des associations des guides de montagne décerne à son premier président Roger Frison-Roche le titre de membre d'honneur.

La fête des guides du 15 août 1953. Mon père est sur la première rangée, debout, le sixième en partant de la gauche. On distingue notamment sur la photo, assis au premier rang : Léon Couttet, Armand Charlet, Camille Tournier, Joseph Demarchi et Marcel Bozon. Également Gaston Rebuffat, debout derrière mon père, Georges Tairraz complètement à droite de la photo ainsi que Louis Pache, reconnu en 1979 « Juste parmi les nations » pour ses

actions héroïques durant la Seconde Guerre mondiale qui permirent le sauvetage de Juifs et de résistants[1] (sixième debout sur la gauche, avec son béret et sa fine moustache).
(Collection Claret-Tournier Fernande)

1. Cf. Nathalie Pache-Ville et Jean-Luc de Uffredi, *Louis Pache. Guide et passeur, 1940-1944*, Craponne, Éditions Les Passionnés de bouquins, 2012.

Mon père à la fenêtre du Bureau des guides, à Chamonix au début des années quatre-vingt-dix.

Papa hier
Frison aujourd'hui

Papa nous a quittés le 17 décembre 1999. Encore aujourd'hui, près de vingt-cinq ans après sa mort, je suis surprise de l'aura qu'il a conservée. À Chamonix bien sûr, où son nom et sa vie restent intimement liés à la Compagnie des guides. Mais au-delà aussi. Partout, ses livres, restés intemporels, continuent d'être lus par des admirateurs de tous âges.

Quand j'étais petite fille, je buvais ses paroles. C'est en grandissant que j'ai appris à trier. De par son côté enthousiaste, il était parfois excessif en tout. Je dirais même qu'il avait un côté légèrement roublard, enjoliveur. C'était toujours le côté positif qui dominait chez lui.

J'ai toujours senti que les gens me renvoyaient une autre image de mon père. Bien sûr, il avait ce côté humble, malgré son esprit aventurier et cette capacité à se mettre au même plan que les autres. Il aimait les gens et ceux-ci le lui rendaient bien. Mais, dans l'intimité, mon père était aussi un Papa aimant, attentionné et calme. Il avait aussi un côté bien plus discret, plus secret, réservé même.

Il fallait apprendre à le déchiffrer. C'est aussi la raison pour laquelle certains diront, à juste titre, qu'il avait beaucoup de copains, mais très peu d'amis.

Très proche des milieux journalistiques, il n'hésitait pas à donner son avis dès qu'il était sollicité. Il prenait position. Il ne se cachait pas. Parfois cela lui a valu des difficultés, des brouilles et des inimitiés, notamment avec René Desmaison. Mais, avec lui, du fait de son caractère entier, les disputes ne duraient jamais bien longtemps et cela se finissait toujours en réconciliation. Je crois que Papa a vécu sa vie comme il l'entendait. Il l'avait partagée en deux. Il y avait une partie consacrée à l'aventure, au journalisme, aux livres, aux rencontres et l'autre partie consacrée à sa famille, femme, enfants vers lesquels il revenait toujours. Maman était la gardienne du foyer. Je ne crois pas qu'il ait eu des regrets dans sa vie, certes pas toujours facile, notamment avec la perte de mon frère Jean et de ma sœur Danièle. Bien sûr, il aurait adoré aller au Népal et participer à des expéditions en Himalaya. Hélas, on ne lui a jamais proposé. Il faut dire qu'il était déjà un peu âgé, la cinquantaine passée, quand ces expéditions se sont mises en place. Mais comme toujours avec lui, son côté entier faisait qu'une déception ne durait jamais bien longtemps. Il passait vite à autre chose…

À travers ce livre et ces anecdotes que j'ai pu vivre avec lui, j'espère que vous avez pu apprécier, au-delà de l'écrivain connu, ou de l'aventurier et du guide respecté qu'il fut, l'homme merveilleux qu'il était.

Mon père dans la force de l'âge, à Chamonix.

Mon père plus âgé, lors d'une séance de dédicace.

Épilogue

Pourquoi avoir attendu si longtemps pour rédiger mes souvenirs vécus avec mon père? Eh bien, je n'y avais jamais pensé, car l'aura de mon père était trop forte pour moi, du moins dans le domaine de l'écriture. Il y a environ un an et demi, j'ai fait une petite prestation avec mon amie Catherine Cuenot, qui a d'ailleurs gentiment accepté de préfacer ce livre, au Salon du livre de montagne de Passy. Je présentais un livre de mon père, *Laissez-moi vous raconter le Mont-Blanc*[1], nourri de divers reportages. Se trouvait dans la salle de conférence celui qui allait devenir mon éditeur, Guillaume de Uffredi.

Quelques mois plus tard, il est venu à Chamonix me voir et m'a proposé d'écrire ce livre. J'ai longuement hésité et, finalement, c'est le confinement complet pour cause de covid qui m'a poussée dans mes retranchements. Ayant beaucoup de temps libre, j'ai commencé à écrire quelques textes et je me suis prise au jeu avec beaucoup de plaisir. Je n'écrivais pas pour moi, mais pour les lecteurs de Frison-Roche et pour ma famille.

1. Paru en 2019 aux Éditions Paulsen.

Lorsque j'étais jeune maman, j'ai travaillé chez moi pour Papa, cela me changeait du quotidien. C'était idéal, car je pouvais en même temps m'occuper de mes enfants et me plonger dans les œuvres de mon père. Les manuscrits de Papa étaient couverts de corrections et renvois en rouge, parfois difficiles à déchiffrer, un vrai travail de mise à jour, rendu délicat, car il fallait taper trois exemplaires. La moindre faute ou oubli d'un paragraphe obligeait à tout recommencer. Pour vous qui ne travaillez que sur ordinateurs, cela doit vous paraître complètement obsolète. J'ai assisté à toutes ses conférences du cycle « Connaissance du monde », qui étaient remarquables. Sans papier, il commentait les images du film tourné par Georges Tairraz et je crois qu'il n'y a pas eu une seule conférence pareille. C'était un orateur né et il savait ressentir l'ambiance d'une salle, sur laquelle il improvisait. Malheureusement, c'était une époque où l'on n'enregistrait pas et, si nous avons toujours les films, nous n'avons plus malheureusement la voix de mon père.

J'ai toujours eu une admiration immense pour mon père, non seulement parce qu'il était célèbre, mais pour son engagement dans la vie, sa fantaisie, son humour et sa joie de vivre.

Je vis avec mon mari à Derborence, le chalet hérité de mon père, celui dont il avait toujours rêvé. En 1998, nous sommes venus nous installer définitivement près de lui, à sa demande, et avons eu la joie de pouvoir l'entourer dans sa grande vieillesse. C'était un homme très facile à vivre, dans la mesure où on lui laissait sa liberté. Il nous reste un chalet bourré de souvenirs, de livres et, surtout, le lieu d'accueil de toute la famille, enfants, petits-enfants et arrière-petits-enfants, tous ayant hérité de son amour pour la montagne.

Je pense que, là-haut, il doit être heureux de voir son chalet qui continue de vivre avec les générations suivantes. Il nous a laissé un bel héritage.

Mon père et moi, lors du mariage de ma fille à Chamonix.

Merci Papa de m'avoir montré la voie…

Le pull rouge, les chaussettes et les brodequins, toute une époque…
(à gauche)

Frison à la gourde : traversée des Petits Charmoz. (à droite)

Traversée des Petits Charmoz. Mon père, avec ma sœur, mon mari et ma fille Nathalie. C'est moi qui prend la photo.

Table des matières

Préface. 7
Note de l'éditeur 11
Avant-propos. 13
La traversée de la Mer de Glace - 1945 19
Djebel Amour - 1949 23
La famille de Beaufort - 1950 31
Noël familial à Gardhaia - 1950 39
Le Moine, l'accident des Égralets - 1952 45
Le Caroubier - 1952 49
Festival du film de montagne de Trente - 1952 55
La baie d'Alger - 1953. 59
Le tour du Mont-Blanc,
Frison et ses deux filles - 1953 63
Le Peigne - 1954. 67
Tikjda - 1954 73
Noël - 1954. 77
Le baou de Saint-Jeannet - 1955 81
Vacances à Chamonix - 1956 83
Escalades père et fille - 1957 89
Le Cervin - 4 septembre 1958. 95
Derborence - 1958 99

L'art d'être grand-père - 1963 103
Le mont Maudit - Été 1968 109
Rencontre inattendue
au refuge Albert 1er - 1976 113
Le tapis tunisien - 1980. .119
Frison au volant. 123
La transmexicaine - juin 1986 129
Lorraine - 1987 135
Fête des guides à Chamonix - le 15 août 139
Papa hier - Frison aujourd'hui 149
Épilogue 153

Extrait du catalogue
Des hommes et des femmes au parcours extraordinaire

Petites chroniques d'un champion olympique

Franck Piccard

Initié au ski dès son enfance aux Saisies par son père René, Franck Piccard touche la gloire lorsqu'il devient champion olympique en 1988 à Calgary. Au-delà de l'immense palmarès du champion se cache un homme passionné, engagé et profondément optimiste. Ses chroniques en sont le reflet. Elles abordent ses souvenirs de courses, ses difficultés et ses nouvelles passions pour le ski de fond et le cyclisme. Mais elles traitent également de ses souvenirs de jeunesse dans les Alpes, de sa vision de l'évolution du ski et, enfin, des stations de montagne qui font aujourd'hui face à un défi écologique majeur. À travers ce livre, derrière l'image du champion olympique, c'est aussi l'homme et ses convictions que le lecteur découvre.

ISBN 978-2-36351-075-4 - 15,50 euros

Louis Pache - guide et passeur (1940 - 1944)
De Vallorcine (massif du Mont-Blanc) à la Suisse
Nathalie Pache-Ville et Jean-Luc de Uffredi

En 1940, Louis Pache, habitant de Vallorcine, village du massif du Mont-Blanc, en Haute-Savoie, est guide de haute montagne au sein de la compagnie des guides de Chamonix.

Sous l'impulsion du Père Payot, il profite de son métier et de sa connaissance des sentiers environnants pour aider des Résistants, des opposants au régime et de nombreux Juifs en détresse à passer la frontière en direction de la Suisse, leur permettant ainsi d'échapper aux traques nazies, à la police de Vichy et à la déportation.

Au péril de sa vie et avec la complicité de son épouse Franceline, Louis Pache devient passeur la nuit, luttant pour défendre ses idéaux et ce qui lui semble juste.

En 1979, Louis et Franceline Pache seront reconnus d'ailleurs « Justes parmi les nations ».

Jean-Luc de Uffredi, écrivain, et Nathalie Pache Ville, petite-fille de Louis Pache, retracent l'histoire de ce guide-passeur durant cette période sombre, à travers les récits des derniers témoins, les souvenirs familiaux et des documents d'époque.

ISBN 978-2-36351-006-8 -13,50 euros

René Piccard raconte

Patrick Jagou

René Piccard a vu le jour en 1941 au hameau de Belleville, situé sur la commune d'Hauteluce, en Savoie. D'abord agriculteur, il fut ensuite l'un des premiers moniteurs de ski de la station des Saisies. Avant-gardiste pour l'époque, c'est avec son épouse Éléonore qu'il se lança avec succès dans la location et la vente d'articles de sports d'hiver. Il sut faire aimer le ski, et en premier lieu à ses sept enfants au point que plusieurs d'entre eux s'illustrèrent en compétition au niveau international, dont son fils Franck Piccard, champion olympique en 1988. Il participa aussi grandement à la conservation de la mémoire de sa région, via notamment le sauvetage d'une vingtaine de chalets anciens, et contribua à la construction de la chapelle dédiée à Notre-Dame-de-Haute-Lumière qui trône au sommet du col des Saisies. La vie de René Piccard est un témoignage vivant de l'évolution que connurent le Beaufortain et les Alpes ces quarante dernières années, avec l'avènement du tourisme, le développement des sports d'hiver, y compris au haut niveau, et l'émergence des stations de ski.

ISBN 978-2-36351-055-6 - 14,00 euros

Henri des Pointières
Henri Molliex, paysan, ouvrier et poète savoyard
Patrick Jagou

Le destin d'Henri Molliex ressemble à une fresque romanesque. De paysan en Beaufortain à ouvrier aux aciéries d'Ugine, il exerça plusieurs métiers.

Il comprit rapidement l'évolution des vallées de Savoie chamboulées par l'avènement du tourisme, en créant plusieurs gîtes ruraux, en rénovant des lieux de mémoire et en conservant un regard avisé sur les mutations profondes que vivait sa région natale.

Il fut notamment atterré par l'exode rural qui décima les fermes dans les années soixante, au point qu'il créa un sentier sur ce thème, sentier que le poète reconnu qu'il fut aimait nommer : « Le seul livre d'histoire qui se lit en marchant. »

Henri des Pointières, ouvrage publié initialement en 2012 et écrit sous la forme d'un abécédaire, est aujourd'hui réédité par les éditions les Passionnés de bouquins. Ce livre retrace la vie d'Henri Molliex marquée par les valeurs ancestrales du monde paysan et, avant tout, par le bon sens que l'on trouve chez les sages du terroir savoyard.

ISBN 978-2-36351-068-6 - 15,00 euros

Pour contacter l'éditeur :

Éditions Les Passionnés de bouquins
36 impasse du Tonkin
69290 Craponne
Email : contact@les-passionnes-de-bouquins.com
Site Web : www.les-passionnes-de-bouquins.com

Imprimé en France par Sepec Numérique